지구와 생명을 지키는
미래 에너지 이야기

초판 1쇄 발행 2018년 10월 15일
초판 7쇄 발행 2024년 4월 1일

지은이 정유리
그린이 박선하
펴낸이 이지은 **펴낸곳** 팜파스
기획편집 박선희
디자인 조성미 **마케팅** 김민경, 김서희

출판등록 2002년 12월 30일 제10-2536호
주소 서울특별시 마포구 어울마당로5길 18 팜파스빌딩 2층
대표전화 02-335-3681 **팩스** 02-335-3743
홈페이지 www.pampasbook.com | blog.naver.com/pampasbook
이메일 pampas@pampasbook.com

값 12,000원
ISBN 979-11-7026-221-3 (73530)

ⓒ 2018, 정유리

· 이 책의 일부 내용을 인용하거나 발췌하려면 반드시 저작권자의 동의를 얻어야 합니다.
· 잘못된 책은 바꿔 드립니다.

이 도서의 국립중앙도서관 출판시도서목록(CIP)은 서지정보유통지원시스템 홈페이지 (http://seoji.nl.go.kr)와 국가자료공동목록시스템(http://www.nl.go.kr/kolisnet) 에서 이용하실 수 있습니다.(CIP제어번호: CIP2018030499)

동화로 보는 신재생에너지, 에너지 불평등과 자립,
에너지 공학자, 에너지 과학 기술

지구와 생명을 지키는
미래 에너지 이야기

정유리 글
박선하 그림

팜파스

어린이 친구들에게

　우리의 하루는 에너지로 가득 차 있어. 아침에 눈을 뜨는 순간부터 밤에 잠드는 순간까지 우리는 끊임없이 에너지를 사용하지. 우리가 하루에 얼마나 많은 에너지를 쓰는지 유심히 살펴보면 아마 깜짝 놀랄 거야. 맛있는 음식을 먹는 일부터 친구를 만나러 가는 일, 좋아하는 음악을 듣는 일까지! 삶 속에서 에너지는 우리의 생각보다 훨씬 더 많은 부분을 차지하니까 말이야.

　만약 에너지가 없어진다면 어떻게 될까? 한여름, 가마솥더위를 선풍기도 없이 견뎌야 할 거야. 버스나 기차가 움직이지 않을 테니 먼 곳으로 이동하기도 힘들겠지. 또한 편리한 스마트폰 역시 고철 덩어리나 다름없어질 거야. 지금처럼 에너지가 풍족한 시대에 괜한 걱정을 한다고? 괜한 걱정이 아니야. 세계는 지금 에너지 위기에 처해 있거든.

　현대 사회는 석유와 석탄 같은 화석 연료를 이용해 편리한 생활을 누렸어. 세계적으로 소비되는 에너지의 87%가 바로 화석 연료야. 화석 연료로 현대 사회를 움직이고 있다고 해도 과언이 아니야. 그런데 화석 연료는 고갈될 위기에 처했어. 몇십 년이 지나지 않아 완전히 바닥날 상황이지. 또한 화석 연료를 펑펑 쓰는 동안 지구는 점점 병들고 말았어. 화석 연료가 심각한 환경 문제를 일으킨 거야.

　이 때문에 사람들은 화석 연료를 대신할 해결책을 찾기 시작했어. 고갈될 걱정이 없으면서 환경도 파괴하지 않는 에너지에 대해 고민한 거야. 그 결과, 지속 가능하고 깨끗한 에너지, '미래 에너지'가 등장했어.

　미래 에너지는 우리의 미래를 책임질 중요한 에너지야. 이 때문에 우리는 미래 에너지가 무엇인지, 왜 미래 에너지를 사용해야 하는지

알아야 해. 바로 우리의 미래에 대한 일이니까 말이야!

　이 책은 미래 에너지가 무엇인지, 어떻게 에너지의 미래를 준비해야 하는지 담고 있어. 더불어 늘 우리 곁에 있어 소중함을 몰랐던 에너지의 중요성에 대해 이야기하지. 이 책을 통해 우리는 에너지의 소중함을 깨닫고, 에너지 부족 문제를 슬기롭게 극복하는 방법을 함께 고민하게 될 거야.

　자, 그럼 이제 미래 에너지가 무엇인지 알아볼까?

정유리

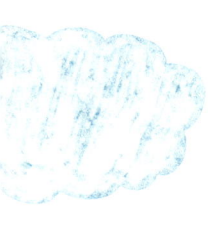

어린이친구들에게 …5

 이야기 하나.
한여름 밤에 정전은 너무해! …12

지속가능한 자원, 미래 에너지는 무엇일까? 28

우리의 삶을 편리하게 만들어 주는 '에너지' …28
풍족한 줄 알았던 에너지가 고갈되고 있다고?! …31
화석 에너지의 대안으로 떠오른 원자력 에너지 …34
지속 가능한 에너지, 신재생에너지 …38
우리는 왜 미래 에너지를 생각해야 할까? …40

 이야기 둘.
내 친구 '구름이'가 특별한 이유 …42

환경과 에너지는 왜 함께 생각해야 할까? 56

에너지를 사용해서 지구가 아프다고? …56

에너지의 역습이 시작됐어! …59

환경을 위한 에너지 약속 …61

환경을 살리는 에너지를 알아보자! …63

환경을 살리는 첫걸음, 우리부터 시작해 …70

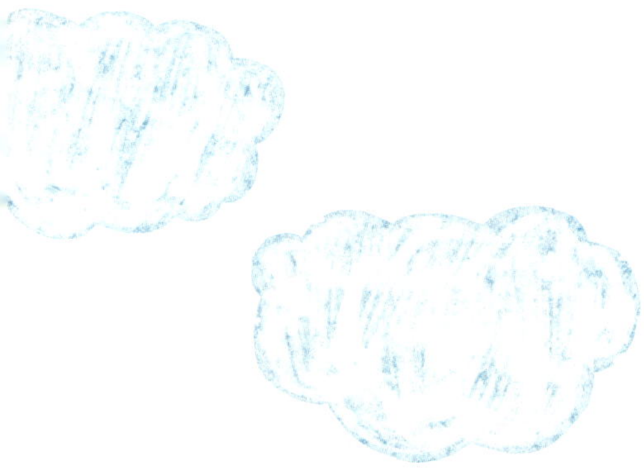

 이야기 셋.
커피로 달리는 버스가 있다고요? …74

에너지와 과학이 만나면 어떤 일이 일어날까? 86

똥으로 에너지를 만든다고? …86

바이오 에너지가 뭘까? …88

바이오 에너지 때문에 식량이 부족해! …93

애그플레이션이 뭔가요? …94

에너지 공학자의 역할이 점점 더 중요해지고 있어! …96

이야기 넷.
에너지를 만드는 우리 마을에 놀러 오세요! ···102

에너지, 모두 함께 행복하게 살아가는 '공존'을 만들다 118

에너지에도 빈부 격차가 있다고? ···118
에너지 빈부 격차는 왜 생기는 걸까? ···120
빛나는 아이디어로 이겨 낸 에너지 불평등 ···122
스스로 에너지를 만들어 쓰는 에너지 자립 마을 ···125
우리나라의 에너지 자립 마을 ···128

이야기 다섯.
수상한 초대장 ···132

에너지, 따뜻한 미래와 만나다 146

에너지 전환 시대 ···146
미래에는 어떤 에너지가 주목받을까? ···149
미래를 위한 똑똑한 기술, 스마트 그리드 ···153
미래를 위한 우리 모두의 노력 ···156
경쟁에서 협력으로 ···158

 이야기 하나

한여름 밤에 정전은 너무해!

하준이는 초록색 망토를 휘날리며 하늘을 자유롭게 날아다녔어요. 평소 좋아하는 영화 속 히어로처럼 손바닥에 바람 에너지도 가득 충전했어요. 사람들을 괴롭히는 무시무시한 악당도 바람 에너지 한 방이면 단숨에 쓰러뜨릴 수 있었지요.

"우하하하! 내가 누구냐고? 나는 바로 에너지맨이다!"

바람을 타고 이곳저곳을 활기차게 누비고 있을 때, 갑자기 누군가 하준이의 앞을 가로막았어요. 다름 아닌 엄마였어요.

"어라? 엄마? 엄마가 여기 무슨 일이에요?"

잔뜩 화가 난 엄마는 하준이를 향해 입을 크게 벌렸어요. 그리고 하준이의 이름을 외치며 세찬 바람을 발사했지요.

"박하주운!"

엄마의 입에서 쏟아진 바람을 맞고 하준이는 멀리 날아갔어요.

"으악!"

눈을 번쩍 뜨고 잠에서 깬 하준이는 어디선가 쏟아지는 찬바람에 몸을 웅크렸어요.

'어우, 추워!'

밤새 틀어 놓은 선풍기 탓에 몸이 으슬으슬 추웠어요. 하준이는 이불로 온몸을 꽁꽁 싸맸어요. 침대에서 일어나 선풍기 스위치를 끄면 될 일이었지만 그건 매우 귀찮았어요.

'조금만 더 이불 안에 있어야지…….'

하준이는 이불 속에서 생각에 잠겼어요.

'오늘 드디어 아빠가 출장에서 돌아오시는 날이구나. 같이《에너지맨》을 보기로 해서 이런 꿈을 꿨나? 흐흐!'

오늘은 하준이네 가족이 다 함께《에너지맨》을 보기로 약속한 날이었어요.《에너지맨》은 하준이가 제일 좋아하는 히어로 영화지요.

"박하준!"

기분 좋은 생각에 빠져 있던 하준이는 침대 맡에서 들려 온 목소리에 눈을 번쩍 떴어요. 어느새 침대 앞에 엄마가 서 있었어요. 아무래도 엄마의 목소리를 꿈에서만 들은 것이 아니었나 봐요.

'아이코. 또 뭐가 문제람?'

하준이는 벌떡 일어나 엄마의 눈치를 살폈어요. 엄마가 하준이를 '박하준'하고 성까지 붙여 부를 때는 하준이가 뭔가 잘못했을 때뿐이거든요.

"또 밤새 선풍기랑 컴퓨터를 틀어 놓고 잔 거니?"

하준이는 움찔 놀라 방 안을 둘러봤어요. 엄마 말대로 선풍기와 컴퓨터가 계속 돌아

가고 있었지요. 어젯밤, 선풍기와 컴퓨터를 끄고 잔다는 걸 깜빡한 모양이에요.

"아차차! 깜빡했어요. 깜빡! 다음부터는 안 그럴게요!"

"저번에도 그렇게 말했던 것 같은데?"

엄마의 추궁에 할 말이 없어진 하준이는 곤란한 상황을 모면하기 위해 머리를 쥐어짜 냈어요. 그리고 이내 좋은 핑계거리를 찾아냈지요.

"앗! 벌써 시간이 이렇게 됐네? 이러다 학교에 늦겠어요. 저 학교 갈 준비할게요, 엄마!"

간신히 핑계를 대고 후다닥 방을 빠져나온 하준이는 가슴을 쓸어내렸어요.

"휴! 하마터면 또 잔소리 폭탄을 들을 뻔했네."

하지만 얼마 지나지 않아 엄마의 화난 목소리가 또 울려 퍼졌어요.

"하준아! 화장실을 다 썼으면 화장실 불을 꺼야지!"

"아차차! 깜빡했어요, 깜빡!"

"헤어드라이어는 다 쓴 거니? 다 썼으면 콘센트를 빼놔야지!"

"아차! 또 깜빡!"

엄마는 하준이의 뒤를 따라다니며 하준이가 벌인 일을 대신 정리하느라 바빴어요. 마치 하준이와 엄마가 쫓고 쫓기는 추격전을 벌이는

것처럼 보였지요.

　하준이가 냉장고 문을 꼭 닫지 않은 탓에 냉장고에서 '삐이삐이' 소리가 울리자 엄마는 결국 폭발하고 말았어요. 냉장고 앞으로 불려 간 하준이가 제 손으로 냉장고 문을 닫고 나자 엄마는 기다렸다는 듯이 냉장고를 가리켰어요. 냉장고에는 '우리 집 에너지 절약 규칙'이 붙어 있었지요.

"에너지 절약 규칙은 다 함께 지키려고 만든 거야. 그런데 하준이 네가 자꾸 어기면 엄마, 아빠가 열심히 지킨 의미가 없지 않을까?"

하준이는 평소에도 에너지 절약 규칙을 지키지 않아 자주 혼이 났어요. 바로 얼마 전에도 혼이 났지만 하준이는 좀처럼 습관을 고치지 못했어요.

하준이가 '에너지 절약 규칙'을 자꾸만 어기는 건 사실 귀찮기 때문이에요. 헤어드라이어의 콘센트를 뽑지 않는 것도, 컴퓨터 전원을 끄지 않고 밤새 켜 놓고 자는 것도 모두 '귀찮다'는 이유였지요.

하준이는 에너지를 왜 절약해야 하는지 이해할 수 없었어요. 간편하게 콘센트만 꽂으면 전기가 펑펑 나오는데 왜 굳이 불편하게 살아야 하는지 알 수 없었지요.

"그런데 엄마, 에너지를 꼭 절약해야 돼요? 에너지가 펑펑 남아도는데 좀 낭비하면 어때요? 다 같이 편하게 살면 좋잖아요!"

하준이의 말을 끝까지 다 들은 엄마는 차분하게 설명을 시작했어요.

"우리가 쓰는 화석 연료는 대부분 양이 정해져 있어. 그래서 한 번 사용하면 다시 쓸 수 없지. 양이 정해져 있는 화석 연료를 마구 쓰면 어떻게 될까?"

"언젠가는 바닥나겠죠?"

"맞아. 그러면 에너지가 부족해서 불편함을 겪겠지? 게다가 요즘 같은 여름철에는 사람들이 전기를 많이 쓰기 때문에 전기가 부족해지기 더 쉬워. 그러니까 평소에도 에너지를 절약해야 하는 거야."

하준이는 마지못해 엄마의 말에 고개를 끄덕였어요. 하지만 에너지가 언젠가는 부족한 상황이 올 수도 있다니 전혀 상상이 되지 않았지요. 어디를 둘러봐도 에너지가 넘쳤으면 넘쳤지, 부족할 기미는 보이지 않았거든요. 하준이는 여전히 에너지 부족 문제가 먼 나라의 일처럼 느껴졌어요.

수업이 끝난 뒤, 하준이는 게임을 하자는 친구들의 제안도 거절하고 서둘러 집으로 향했어요. 출장에서 돌아온 아빠와 함께 《에너지맨》을 볼 생각에 매우 설렜거든요.

뜨거운 햇볕이 쨍쨍 내리쬐는 길을 달려왔더니 하준이의 몸은 어느새 땀범벅이 되었어요.

"헥헥! 덥다, 더워!"

집안 공기도 바깥처럼 후끈하기는 마찬가지였어요. 엄마와 아빠가 아직 돌아오지 않은 것을 확인한 하준이는 눈빛을 반짝 빛냈어요. 엄마, 아빠가 없는 틈을 타 오랜만에 에어컨 바람을 실컷 쐴 생각에 신이

났거든요.

하준이는 에어컨 앞으로 달려가 26℃에 맞춰진 온도를 단숨에 19℃까지 낮췄어요.

"이래야 확 시원해진다니까!"

하준이네 집에는 에어컨을 작동하는 규칙이 있었어요. 꼭 필요할 때, 정해진 시간만큼만 에어컨을 켜는 거예요. 에어컨 온도는 실내 적정 온도인 26℃를 지켜야 했지요. 실내 적정 온도에 맞추면 집 안이 시원해지기까지 시간이 걸렸어요. 하준이는 그 시간을 기다리기 싫어 엄마, 아빠가 없을 때면 에어컨 온도를 몰래 낮추곤 했어요.

"나 하나쯤 어긴다고 에너지가 바닥나겠어?"

얼마 지나지 않아 집 안은 시원하다 못해 몸이 으슬으슬 떨릴 정도로 추워졌어요. 하준이는 이불을 몸에 돌돌 말았어요.

"에어컨을 세게 틀어 놓고 이불 속에 있는 느낌, 너무 좋아!"

그때 퇴근을 한 엄마가 집으로 돌아왔어요. 엄마는 얼음장 같은 집 안 공기에 깜짝 놀랐어요.

"엄마, 오셨어요?"

때마침 하준이가 현관으로 달려 나와 인사하자 엄마는 하준이에게 말했어요.

"하준아. 오늘 아침에 약속한 걸 벌써 잊어버린 거니?"

"그건 아닌데……."

하준이가 제대로 대답을 하지 못하고 웅얼거렸어요.

"요즘은 폭염 때문에 전력 사용량이 많아서 정전 사태가 일어나기 쉽지. 특히 2시~4시 사이에는 다들 전기를 많이 쓰기 때문에 주의해야 해."

"정전 사태요?"

"그래. 전기가 공급되는 양보다 사용되는 양이 많아지면 전기가 끊어져 버리는 현상이야."

엄마의 말에 하준이는 풋 하고 웃었어요.

"에이~! 전기가 끊어진다고요? 설마요!"

"몇 년 전에도 정전이 있었는데 기억 안 나니? 네가 좋아하는 아이스크림 가게의 아이스크림이 다 녹아 버렸는데."

하준이는 그런 일이 있었는지 떠올려 보려 했지만 잘 기억나지 않았어요.

"정전은 한 번 일어나면 많은 사람들에게 큰 피해를 줄 수 있어. 그래서 모두 함께 예방해야 해."

이때 현관 쪽에서 반가운 얼굴이 나타났어요. 출장에서 돌아온 아빠

였지요. 하준이는 반가운 마음에 쪼르르 달려가 아빠의 몸에 대롱대롱 매달렸어요.

"아빠! 얼마나 보고 싶었는지 아세요? 오늘 《에너지맨》을 보기로 한 거 잊지 않으셨죠? 네?"

"물론이지! 그런데 하준이 너 아빠를 기다린 게 아니라 《에너지맨》을 보는 걸 기다린 거 아니야?"

아빠의 말에 하준이는 짓궂은 미소를 지으며 크게 대답했어요.

"에이! 아빠랑 《에너지맨》 둘 다 기다린 거죠!"

하준이의 능청스러운 대답에 엄마와 아빠는 웃음을 터뜨렸어요.

오랜만에 가족들이 함께 저녁 식사를 하고 나자 어느새 밖은 캄캄해져 있었어요. 하준이네 가족은 TV 앞에 모여 앉았어요. 미리 사 둔 팝콘과 콜라 덕분에 진짜 영화관에 온 기분이었지요.

"아빠, 빨리요, 빨리!"

하준이의 성화에 못 이겨 아빠는 서둘러 TV에서 《에너지맨》 영상을 찾아 재생 버튼을 눌렀어요. 그리고 마침내 《에너지맨》이 시작되려는 순간, 갑자기 TV가 꺼져 버렸어요.

"어라? 이게 무슨 일이지?"

꺼진 것은 TV뿐만이 아니었어요. 전기밥솥, 정수기 심지어 집 안의 전등까지 모두 작동하지 않았지요. 아빠는 서둘러 스마트폰으로 뉴스를 검색했어요.

"아무래도 대규모 정전이 일어난 모양이구나."

"대규모 정전이요? 어? 엄마가 말한 정전이 진짜 일어났단 말이에요? 그럼 언제 전기가 들어오는데요?《에너지맨》을 오늘 안에 볼 수 있는 거예요?"

"글쎄…… 일단 기다려 봐야 할 것 같네."

그사이, 엄마가 서랍에서 손전등을 꺼내서 집 안을 밝혔어요. 에어컨은 물론 선풍기조차 켤 수 없게 되자 등줄기에서는 금세 땀이 흘렀지요.

불편한 점은 이뿐만이 아니었어요. 집 안이 어두워 화장실을 다녀오는 일조차 쉽지 않았지요. 하준이는 잔뜩 후회가 되었어요.

"혹시 제가 에너지를 너무 펑펑 써서 정전이 된 건 아니겠죠? 정말로 정전이 일어날 줄은 몰랐어요……"

아빠가 하준이의 머리를 쓰다듬으며 말했어요.

"하준이 너는 잘 모르겠지만 엄마 아빠가 어렸을 때만 해도 정전이 아주 잦았단다."

"예? 정말요?"

"정전이 잦았던 만큼 정전으로 인한 피해도 많았지. 일단 정전이 되면 전기가 다시 들어올 때까지 사람들은 더위나 추위를 무작정 견뎌야 했어. 또 냉장고가 작동하지 않아 식재료가 모두 상해서 음식점 주인들이 큰 피해를 입기도 했지."

아빠의 말에 엄마도 고개를 끄덕이며 대답했어요.

"지하철이나 엘리베이터가 멈춰서 사람들이 갇히는 일도 있었어. 정말 위험하게도 말이야."

"정전 때문에 그런 큰 피해가 일어나는지 몰랐어요."

엄마와 아빠가 어릴 적만 해도 에어컨이 많이 없어 선풍기로만 무더운 여름을 견뎠다고 해요. 지금은 버튼 하나만 누르면 가스보일러가 집 안을 금방 따뜻하게 만들어 주지만 가스보일러가 없었던 그때는 연탄이나 난로를 이용해 추위를 이겼대요.

"예전에는 커다란 가스통을 집으로 직접 배달받았어. 지금은 대부분 집에 도시가스가 연결되어 있지만 예전에는 그렇지 않았거든. 그리고 그 가스통에 가스레인지를 연결해서 음식을 조리했지."

하준이는 에너지가 부족한 시절의 이야기가 그저 신기하게만 들렸어요.

"정말요? 아빠, 엄마가 어렸을 때까지만 해도 그랬다고요? 믿어지지 않아요. 지금처럼 편리하게 에너지를 쓰게 된 건 사실 얼마 되지 않은 거네요?"

"그렇지. 게다가 지금도 에너지가 풍족하다고 할 수는 없어. 우리가 가장 많이 사용하는 화석 에너지가 바닥나고 있거든."

아빠의 말에 하준이는 깜짝 놀라 되물었어요.

"에너지가 바닥나고 있다고요?"

"그래. 에너지 가운데 가장 많이 쓰이는 것은 석유와 석탄을 이용한 화석 에너지란다. 그런데 석유와 석탄은 사용할 수 있는 양이 정해져 있어. 언젠가는 바닥이 나게 되지."

하준이는 덜컥 겁이 났어요.

"그럼 어떻게 해요? 이러다가 영영 이렇게 깜깜한 집에 살게 되는 건 아니죠? 그건 싫어요!"

엄마는 하준이의 머리를 천천히 쓰다듬었어요.

"너무 걱정 마. 에너지 전문가들이 화석 에너지를 대체할 미래 에너지를 개발하고 있으니까. 하지만 대체 에너지를 개발하는 것만큼 에너지를 절약하는 노력도 매우 중요하단다."

하준이는 엄마의 말에 힘차게 고개를 끄덕였어요.

"저 이제부터 에너지 절약 규칙을 잘 지킬래요! 귀찮다고 미루지 않고 제가 할 수 있는 노력을 다 할 거예요!"

"우리 하준이 정말 멋진데?"

이때, 집안에 환한 불이 들어왔어요. 정수기와 냉장고가 돌아가는 소리도 다시 들려왔지요.

"정전이 해결되었나 보구나! 그럼 《에너지맨》을 다시 볼까?"

"좋아요!"

하준이는 엄마와 아빠 사이에 앉아 《에너지맨》을 보기 시작했어요. 정전을 겪고 나자 문득 이 순간이 매우 소중하게 느껴졌지요. 그저 당연하게만 누리던 에너지의 소중함을 깨달았던 거예요.

화면 속에서 멋지게 하늘을 날아다니는 에너지맨을 보며 하준이는 에너지 절약 규칙을 잘 실천해야겠다고 결심했어요.

지속가능한 자원, 미래 에너지는 무엇일까?

> 우리의 삶을 편리하게 만들어 주는 '에너지'

우리의 삶은 에너지로 가득 차 있어. 우리는 매일 아침, 가전제품으로 요리한 아침을 먹고 버스나 지하철을 타고 학교에 가지. 심심할 때면 스마트폰으로 재밌는 동영상을 찾아보기도 해. 그게 에너지와 무슨 상관이냐고? 음식을 요리하고, 버스를 움직이고, 스마트폰을 작동시키는 것은 모두 에너지가 있기 때문에 가능한 일이야.

이처럼 에너지는 우리의 일상에서 결코 빠질 수 없는 중요한 요소야. 만약 우리의 삶을 편리하게 만들어 주는 에너지가 없다면 어떻게 될까?

에너지가 없었던 시대에는 주변을 밝히거나 음식을 익혀 먹기 위해 사람이 직접 불을 피워야 했어. 밤에도 환한 빛을 밝히는 지금과 달리, 그때는 어둠이 찾아오면 꼼짝없이 집 안에 있어야 했지. 또 냉장고가 없었기 때문에 음식을 신선하게 보관할 수 없었어. 그래서 여름에는 시원한 음식을 먹기가 매우 어려웠어. 여름철 얼음은 왕처럼 신분이 높은 사람들만 먹을 수 있는 귀한 음식이었지.

플러그만 꽂으면 간단하게 쓸 수 있는 전기 역시 우리의 삶 속에 들어온 것은 얼마 되지 않았어. 인류는 정전기 현상을 통해 전기를 처음 발견했어. 그리고 ==미국의 발명가, 토마스 에디슨이 1882년에 세계 최초로 전기 회사를 세우며 전기 기==

토마스 에디슨

<u>술은 급속도로 발전했지.</u> 이러한 에디슨의 업적이 우리나라 에너지 역사에도 큰 영향을 끼쳤어. 우리나라 최초의 전기도 바로 에디슨이 탄생시켰거든.

평소 신문물에 관심이 있던 고종 황제는 우리나라에 전기 기술을 도입하기 위해 에디슨의 회사에 전기 설치를 의뢰했어. 그 결과, 1887년 우리나라 최초의 전기가 경복궁을 환히 밝혔지. 그러나 평범한 사람들까지 전기를 쓸 수 있게 된 것은 이로부터 한참 지난 1970년 대였어. 그러니까 전기를 보편적으로 쓰게 된 지 미처 50년도 안 된 셈이야. 정말 놀랍지 않니?

<u>1970년에 이르러 전국에 전기가 보급되자 사람들의 생활은 크게 달라졌어.</u> 밤낮없이 기계를 작동시킬 수 있게 되자 산업도 크게 발전했어. 이렇게 우리는 이미 에너지를 손쉽게 쓸 수 있게 된 시대에 태어났어. 그래서 에너지가 당연히 풍요롭다고 여기지. 하지만 그건 결코 당연한 것이 아니야. 에너지가 점점 고갈되어 가고 있거든.

풍족한 줄 알았던 에너지가 고갈되고 있다고?!

에너지는 무엇이 있을까? 석유와 석탄을 이용한 화석 에너지, 바람을 이용한 풍력 에너지, 물을 이용한 수력 에너지, 태양을 이용한 태양 에너지, 원자력을 이용한 원자력 에너지 등이 있어. 이 가운데 가장 많이 쓰는 것은 바로 석유와 석탄을 이용한 화석 에너지야. 세계적으로 소비되는 에너지의 87%가 바로 이 화석 에너지이거든.

그런데 화석 에너지의 연료가 되는 석유와 석탄은 땅속에서 캐내는 지하자원이야. 그래서 그 양이 정해져 있어. 계속 캐내다 보면 결국 언젠가 바닥나게 되는 거지. 전문가들은 석탄의 경우 지금으로부터 100년, 석유는 40년 후면 완전히 고갈될 거라 예측해.

이러한 예측을 적극적으로 주장하는 사람이 바로 미국의 경제 전문가, 리처드 하인버그야. 그는 세계 석유 생산

리처드 하인버그

이 이미 정점에 도달했다고 지적해. 이른바 '피크 오일 이론'을 주장하고 있지. '피크 오일 이론'에서 '피크'는 정점, '오일'은 석유를 뜻해. 그는 피크 오일 이론을 통해 다음과 같이 주장했어.

"인류는 지구에 있는 석유의 절반 정도를 이미 다 써 버렸습니다! 앞으로 석유 개발은 지금까지보다 훨씬 더 어려울 것이며 석유 가격은 계속 올라갈 것입니다. 그리하여 2060년대가 되면 석유의 위기가 찾아와 세계가 혼란스러워질 것입니다!"

이러한 주장은 세계인들에게 '석유 파동'의 악몽을 떠올리게 만들었어. 1970년대 아랍의 여러 나라와 이스라엘 사이에 전쟁이 일어났어. 그때 미국을 비롯한 다른 나라들은 이스라엘을 돕기 시작했지. 이에 화가 난 아랍 국가들은 세계로 수출하던 석유 생산을 줄이고 석유 가격을 높게 올렸어. 그러자 그동안 석유를 싼값에, 언제든 수입할 수 있다고 믿었던 국가들이 하나둘 경제 위기에 빠지고 말았어. 많은 석유를 수입하던 우리나라 역시 큰 피해를 입었지.

석유 파동은 1973년과 1979년에 두 차례나 일어났어. 이 석유 파동으로 세계의 모든 나라들은 경제적인 충격을 크게 받았어. 석유 파동을 겪으며 세계인들은 석유에만 의존하는 것이 매우 위험하다는 사실을 깨달았지.

이와 같은 경험 때문에 세계인들은 피크 오일 이론에 귀를 더욱 기울이게 되었어. 물론 '피크 오일 이론'이 틀렸다고 주장하는 사람들도 있어. 땅속에는 인류가 사용할 석유가 아직도 많이 남아 있다고 생각하는 거야. 이들은 기술이 많이 발전해서 과거에 캐낼 수 없었던 깊은 곳까지 석유를 캐낼 수 있다고 주장해. 세계 곳곳에는 아직 발견되지 않았을 뿐이지 석유가 매장된 땅이 많다는 거지.

그러나 석유가 매장된 땅이 아직 많아도 결국 석유가 고갈된다는 사실은 변하지 않아. 석유와 같은 화석 연료는 과거에 죽은 생명체들이 수억 년 동안 땅속에 묻혀서 만들어진 거야. 그러니 그 양이 분명히 정해져 있거든. 즉, 시기가 달라질 뿐이지 석유는 언젠가는 고갈돼.

또한 화석 에너지는 에너지를 사용할 때 이산화탄소를 배출해. 이 이산화탄소는 지구 온난화를 일으키는 환경 파괴의 주범이야.

> 화석 에너지의
> 대안으로 떠오른
> 원자력 에너지

화석 에너지가 가진 문제를 극복하기 위해 인류는 화석 에너지를 대체할 새로운 에너지원을 찾으려 노력했어. 긴 연구 끝에 사람들은 태양과 바람 등 자연에서 에너지를 얻는 방법을 알게 되었어. 그러나 자연을 이용해 만든 에너지는 화석 에너지를 대신하기에는 그 양이 너무 적었지. 그런데 화석 에너지 못지않게 에너지를 풍부하게 만들면서도 이산화탄소를 배출하지 않는 에너지가 있었어. 바로 원자력 에너지야.

원자력 에너지란 원자핵이 분열되는 과정을 통해 만드는 에너지야. 원자력 에너지는 우라늄이라는 원료로 만들어. 이 우라늄은 가격이 싸고 적은 양으로도 많은 에너지를 만들 수 있지. 우라늄 1킬로그램에서 얻을 수 있는 에너지가 석탄 300톤에서 얻는 에너지와 비슷하다고 하니 정말 엄청나지? 무엇보다 원자력 에너지는 화석 에너지와 달리 오염 물질을 배출하지 않는다는 장점이 있어.

화석 에너지의 단점을 보완할 원자력 에너지가 나타나자 사람들은 쾌재를 불렀어. ==그러나 원자력 에너지에는 미처 알지 못했던 엄청난==

부작용이 있었어. 바로 방사능 유출이라는 무시무시한 사고의 위험성이었지.

원자력 에너지의 장점이 널리 알려지자 사람들은 여기저기에 원자력 발전소들을 많이 세웠어. 그러던 1986년 4월, 그 누구도 예상하지 못했던 끔찍한 일이 발생했어. 우크라이나의 체르노빌 원자력 발전소에서 폭발 사고가 일어난 거야.

원자력 에너지는 원자로 안에서 일어나는 핵분열 반응을 통해서 얻

체르노빌 원자력 발전소 폭발 사고

어. 그런데 체르노빌 원자력 발전소의 원자로가 폭발하면서 많은 양의 방사능이 바깥으로 유출된 거야. 방사능은 사람들에게 고통스러운 질병을 일으키고 생태계에 치명적인 위험을 끼치는 무서운 물질이야.

체르노빌 발전소에서 유출된 방사능은 우크라이나 국경을 넘어 유럽 전역에 퍼질 정도로 그 양이 엄청났어. 원자력 발전소에서 일어난 사고는 심각한 정도에 따라 0등급부터 7등급으로 나뉘어. 체르노빌의 경우, 최고 위험 등급인 7등급으로 발표되었지. 인류 사상 최악의 사고가 일어난 거야.

체르노빌 원자력 발전소 사고 이후, 주변 마을의 암 발생률은 200배 이상 솟구쳤어. 체르노빌은 더 이상 사람이 살 수 없는 지역이 되었지. 약 30년이 지난 지금까지도 체르노빌 발전소 주변 반경 30킬로미터는 사람의 출입이 금지된 지역이야.

그리고 2011년 3월, 일본에서도 사고가 있었어. ==후쿠시마 원자력 발전소 사고야.== 줄여서 '후쿠시마 원전 사고'라고도 하지. 이 사고로 인해 원자력 에너지의 문제점이 더욱 널리 알려졌어. 원자력 발전소를 아예 없애야 한다는 주장도 거세게 나오고 있어.

후쿠시마 원자력 발전소 사고

이처럼 원자력 에너지는 장점만큼이나 무서운 위험성이 있어. 그래서 사람들은 원자력 에너지를 두고 '두 얼굴의 에너지'라고도 부르지.

사고가 일어나지 않도록 철저한 주의를 기울이면 되지 않냐고? 치밀하게 사고를 방지한다 해도 원자력 에너지의 문제가 모두 해결되는 건 아니야. 원자력 에너지를 만들고 남은 핵폐기물에서도 방사능이 나올 수 있거든. 그래서 핵폐기물을 처리하는 과정은 매우 어렵고 비용

또한 많이 들어. 게다가 폐기물 처리 장소를 선정하기도 힘들지. 우리나라에서도 이미 여러 차례 주민들의 거센 반발에 부딪혀 핵폐기물 처리 시설 건립이 무산된 바가 있어.

지속 가능한 에너지, 신재생에너지

원자력 에너지가 여러 가지 문제를 일으키자 사람들은 고갈되지 않으면서도 안전한 에너지가 없을까 고민했어. 그래서 계속 사용할 수 있으면서 환경 문제를 일으키지 않는 '착한 에너지'에 대해 활발히 연구했지. 그 결과, 신재생에너지가 그 대안으로 떠올랐어.

신재생에너지란 기존 화석 연료를 변환시켜 이용하거나 햇빛, 물, 지열 등을 이용하는 에너지를 말해. 화석 에너지와 달리 고갈되지 않고 미래에도 계속 사용할 수 있기 때문에 '미래 에너지'라고 불려.

신재생에너지는 신 에너지와 재생 에너지를 합친 말이야. 먼저 신에너지는 기존에 사용하지 않았던 자원을 새롭게 개발해 쓰게 된 에너

==지를 말해.== 새로 나온 물건을 '신'제품이라고 하지? 신 에너지 역시 새롭게 나온 에너지인 셈이야. 신 에너지에는 연료 전지, 석탄 액화 가스, 수소 에너지 등이 있어.

==재생 에너지는 이미 자연에 존재하는 에너지로, 계속 사용해도 다시 생겨나는 에너지를 말해.== 태양을 이용한 태양 에너지, 바람을 이용한 풍력 에너지, 물을 이용한 수력 에너지, 쓰레기를 이용한 폐기물 에너지 등이 있어. 재생 에너지는 사실 이미 오래 전부터 사용해 왔어. 우리가 잘 알고 있는 댐이나 풍차가 바로 재생 에너지 발전 시설의 대표적인 예지. 하지만 과거에는 재생 에너지 양이 극히 적었어. 그래서 현재는 재생 에너지를 더 폭넓고 다양하게 사용하기 위해 연구하는 중이야.

신재생에너지는 화석 에너지가 가진 문제를 일으키지 않으면서 에너지원을 비교적 쉽게 구할 수 있다는 장점이 있어. 매장된 곳이 정해진 석유, 석탄과 달리 햇빛이나 바람 같은 에너지원은 어느 나라에서나 구할 수 있으니 에너지를 생산하는 비용도 매우 저렴하지.

하지만 이러한 신재생에너지에도 단점은 있어. 에너지를 사용하는 비용 자체는 저렴하지만 그 에너지를 사용하기 위한 시설을 짓는 비용이 매우 비싸거든. 이 때문에 화석 에너지에 비해 가격 경쟁력에서 뒤처진다는 평가를 받고 있지. 그래서 수많은 공학자들은 신재생에너지에 드는 비용을 줄이는 방법을 연구하고 있어.

결국 미래 에너지로 각광받는 신재생에너지 역시 단점이 있지 않느냐고? 맞아. 하지만 그럼에도 우리가 화석 에너지 대신 미래 에너지를 사용해야 하는 이유는 무엇일까?

> 우리는 왜 미래 에너지를 생각해야 할까?

신재생에너지는 아직 해결해야 할 문제들이 많이 있어. 그럼에도 신재생에너지가 미래의 주요한 에너지로 관심을 받는 이유는 뭘까?

앞서 말한 것처럼 신재생에너지는 에너지 고갈에 대해 걱정하지 않아도 돼. 대기 오염 물질을 배출하지도 않지. 또한 원자력 에너지처럼 환경과 사람을 해치는 문제를 일으킬 가능성도 극히 적어.

현재 세계는 눈에 보이지 않는 '에너지 전쟁'을 치르고 있어. 그 중심에 바로 화석 에너지가 있지. 특히 석유는 옷을 만들고 자동차를 움직이고 컴퓨터·플라스틱·놀이기구를 만드는 등 수많은 곳에 쓰여. 이 때문에 석유를 차지하려는 경쟁은 점점 심해지고 있지. 이러한 영향으로 석유의 가격은 나날이 높아지고 있어. 매일 매일 석유 가격이 얼마나 오르내리느냐에 따라 세계의 경제가 흔들리는 거야. 때로는 석유가 나는 지역을 차지하기 위해 총과 칼을 겨눈 전쟁을 벌이기도 해.

만약 석유를 대체할 에너지원을 준비하지 않은 채, 석유가 고갈된다면 어떻게 될까? 세계는 아마 큰 혼란으로 뒤덮일 거야. 이러한 이유로 많은 나라들은 신재생에너지를 개발하기 위해 노력하고 있어.

초기 투자 비용이 비싸고, 가격 경쟁력에서 뒤처지지만 신재생에너지를 개발해야 하는 이유는 분명해. 바로 신재생에너지가 화석 연료 고갈 문제와 환경 문제를 피할 수 있는 가장 확실한 에너지이기 때문이지. 또 지속적인 연구를 통해 신재생에너지의 발전 비용은 점점 낮아지고 있어. 이 역시 신재생에너지를 긍정적으로 바라보는 이유야.

 이야기 둘

내 친구 '구름이'가 특별한 이유

　드디어 기다리고 기다리던 아침이 밝았어. 며칠 전부터 내가 손꼽아 기다리던 날이 찾아온 거야. 오늘이 대체 무슨 날이냐고? 바로 새 친구를 만나러 가는 날이야.

　"아주 멋지군! 훌륭해! 오늘 만날 친구도 분명히 너를 좋아하게 될 거야!"

　마지막으로 내 모습을 훑어본 박사님은 만족스러운 얼굴로 엄지를 척 치켜들었어. 박사님의 칭찬에 나는 안심이 됐어. 혹시나 새로 만나게 될 친구가 나를 좋아하지 않으면 어쩌지 걱정되던 참이었거든.

덜컹덜컹 흔들리는 트럭의 움직임에 몸을 맡겼어. 그리고 오늘 만날 친구를 상상해 보았어. 남자아이일까? 여자아이일까? 활발한 아이일까? 아니면 부끄러움이 많은 아이일까? 웃을 때는 입을 크게 벌리고 호탕하게 웃을까, 아니면 손으로 입을 가리고 수줍게 웃을까? 나를 마음에 들어 할까…? 이런저런 생각들로 가득 차 있을 때, 트럭이 갑자기 멈춰 섰지.

나는 기사 아저씨를 따라 엘리베이터에 올랐어. 우웅! 하는 소리와 함께 엘리베이터가 움직이자 내 심장은 더욱 빠르게 뛰었어. 두근두근! 내 심장 소리가 기사 아저씨한테까지 들리지 않을까 조마조마할 정도였지.

마침내 엘리베이터에서 내린 기사 아저씨는 초인종을 눌렀어. 문 안쪽에서 여자아이의 목소리가 들려왔지.

"드디어 왔나 봐요!"

아주 맑고 경쾌한 목소리였어. 들으면 금세 기분이 좋아지는 목소리였지. 새 친구도 아마 나를 만나길 기다린 모양이야. 새 친구가 혹시 나를 마음에 들어 하지 않으면 어쩌나 한 건 다 쓸데없는 걱정이었나 봐.

나를 둘러싼 상자가 열리자 내 몸 위로 눈부신 빛이 쏟아졌어. 하늘색 원피스를 입은 여자아이가 호기심에 찬 눈빛으로 나를 바라보고 있

었지. 새 친구는 동그란 안경이 아주 잘 어울리는 얼굴이었어. 나는 첫눈에 우리가 좋은 친구가 될 거라는 확신이 들었어. 왜냐고? 어쩐지 그런 느낌이 들었다고나 할까?

"안녕? 난 수민이라고 해!"

새 친구의 이름은 수민이었어. 수민이는 가볍게 내 머리를 쓰다듬고 활짝 미소 지었어.

"정말 반가워! 공기 청정기야!"

아차. 내 소개가 너무 늦었나? 나는 공기 청정기야!

"엄마, 공기 청정기에 이름이 필요하지 않을까요? 이제 같이 지내게 되었잖아요."

"그럼 수민이 네가 이름을 지어 볼래?"

나는 기대에 부풀어 올랐어. 설마 나에게 이름을 지어 주리라고는 생각하지 못했기 때문이야. 수민이는 내 앞에 털썩 주저앉아 나를 이리저리 뜯어보기 시작했어. 나는 수민이가 내게 어떤 이름을 선물해 줄까 궁금했지.

꽤 오랫동안 나를 바라보던 수민이는 불현듯 무릎을 탁 쳤어.

"가만히 보니까 너 맑은 하늘 위에 뜬 예쁜 구름을 닮은 것 같아! 그

래, 이제부터 네 이름은 구름이야!"

뭐라고? 구름을 닮았다고? 당황한 나와 달리 수민이는 구름이라는 이름이 꽤 마음에 든 것 같았어.

"반가워, 구름아! 앞으로 잘 부탁해!"

그리하여 내 이름은 구름이 되었지. 자꾸 듣다 보니까 구름이라는 이름은 꽤 근사한 것 같았어. 어쩌면 수민이가 기분 좋은 목소리로 불러 줘서 근사하게 느껴진 걸 수도 있지만 말이야!

수민이는 내 몸에 붙어 있던 설명서를 꼼꼼히 읽었어. 그러고 나자 수민이는 나에 대해 모르는 게 없어졌지. 수민이 덕분에 나도 수민이네 집에서 금방 적응할 수 있었어. 나는 수민이에 대해 많이 알고 싶었어. 그래서 며칠 동안 수민이를 유심히 관찰했지.

수민이는 아침에 일어나면 가장 먼저 창문을 열고 날씨를 살피는 습관이 있어. 그리고 스마트폰에 설치된 앱을 통해 통합대기환경지수를 확인했지.

통합대기환경지수란 현재 공기가 얼마나 오염되었는지를 알려 주는 수치야. 통합대기환경지수는 '좋음', '보통', '나쁨', '매우 나쁨' 이렇게 네 단계로 나뉘어. '좋음'은 대기가 깨끗한 상태, '보통'은 약간 오염된 상태, '나쁨'은 사람들에게 나쁜 영향을 미칠 정도로 오염된 상태, '매

우 나쁨'은 사람들이 피해야 할 정도로 심각하게 오염된 상태야.

수민이가 창문을 열고 통합대기환경지수를 살피는 사이, 열린 창틈으로 바깥 공기가 밀려 들어왔어. 순간, 나는 위험 신호를 감지했어. 그래서 재빨리 빨간불을 내뿜으며 공기를 정화하기 시작했지.

웨에엥! 갑자기 바빠진 내 모습을 보고 아빠가 말했어.

"구름이가 아침부터 바쁜 걸 보니 오늘도 대기 오염 지수가 좋지 않은 모양이네. 수민아, 오늘은 대기 오염 지수가 어떠니?"

"흠, 어제에 이어 '매우 나쁨'이에요."

굳이 앱으로 확인해 보지 않아도 대기 오염이 심하다는 건 쉽게 알 수 있었어. 창밖으로 보이는 하늘이 마치 누런 안개가 낀 것 같았거든.

나를 만든 박사님 말로는 박사님이 어릴 때까지만 해도 공기 청정기가 필요하지 않았다고 해. 공기가 깨끗했던 그 시절에는 하늘에서 내리는 눈도 입을 크게 벌려 받아먹었대.

하지만 지금은 나와 같은 공기 청정기가 불티나게 팔리고 있어. 모두 대기 오염이 심해진 탓이지.

내가 수민이를 만나게 된 것도 따지고 보면 대기 오염 때문이야. 나쁜 공기를 정화하기 위해 내가 수민이네 집으로 오게 되었으니 말이야.

박사님은 대기 오염이 화력 발전소와 관련이 높다고 했어. 사람들은 에너지를 얻기 위해 화석 에너지를 가장 많이 쓴대. 화석 에너지는 대기 오염뿐만 아니라 산성비, 수질 오염, 토양 오염, 지구 온난화까지도 일으킨다고 해.

"구름아, 오늘도 너만 믿는다?"

수민이가 내 머리를 쓰다듬자 나는 더욱 힘을 냈어. 집 안의 나쁜 공기를 힘껏 빨아들인 다음, 내 몸 안에 들어 있는 필터로 오염 물질을 걸러 냈어.

공기를 모두 정화한 뒤, 나는 띠링! 초록색 불빛을 빛냈어. 집 안 공기가 깨끗해졌다는 사실을 알리는 신호지. 내 몸에 켜진 초록색 불빛을 보고 수민이는 기분 좋은 미소를 지었어.

"구름아, 잘했어!"

어쩐 일인지 문 앞에서 엄마와 수민이의 실랑이가 벌어졌어.

"마스크 쓰면 답답하단 말이에요!"

"그래도 안 돼. 오늘은 꼭 쓰고 가야 해!"

엄마와 한참 동안 실랑이를 하던 수민이는 결국 마스크를 쓰고 학교로 향했어. 나에게 잘 다녀오겠다는 인사를 하는 것도 잊지 않았지.

수민이가 학교에 가자 집이 텅 비어 버린 것 같았어. 수민이가 없는 집은 정말 심심했지. 하지만 나도 놀고만 있을 순 없어! 학교에서 돌아온 수민이에게 깨끗한 공기를 주려면 오염된 공기를 어서 정화해야 하거든.

웨에에에엥! 한참 동안 공기를 정화하고 있는데, 수민이가 평소보다 빨리 집에 돌아왔어. 오늘은 학교가 끝난 후 친구들과 야외 스케이트장에 간다고 했는데 어찌된 영문일까?

"구름아! 나 왔어!"

집으로 돌아온 수민이는 혼자가 아니었어. 스케이트장에 같이 가기로 한 지후와 예리도 함께였지.

"에이, 오늘 스케이트를 탈 줄 알고 신났는데."

"그러게. 미세먼지 때문에 스케이트장이 닫을 줄 누가 알았겠어?"

아, 미세먼지가 너무 심한 탓에 스케이트장이 문을 닫은 모양이야. 수민이와 친구들은 아주 아쉬운 눈치였어.

"이게 새로 샀다는 그 공기 청정기야?"

지후가 호기심에 찬 얼굴로 나를 보자 수민이와 예리도 내 곁에 다

가왔어.

"응! 이게 바로 우리 집 구름이야!"

"구름이?"

"응! 우리 가족이 된 기념으로 내가 이름을 지어 줬지!"

친구들에게 나를 자랑하는 수민이의 목소리에 나도 괜히 우쭐해졌지. 지후가 나를 바라보며 말했어.

"난 또 되게 자랑하기에 뭐가 특별한가 했더니 그냥 공기 청정기잖아? 대체 뭐가 다르다는 거야? 우리 집에 있는 거랑 비슷한데!"

"맞아. 우리 집에 있는 공기 청정기가 더 좋은데?"

지후와 예리의 말에 나는 기분이 침울해졌어. 그런데 이때, 수민이가 친구들에게 당당한 목소리로 말했어.

"우리 구름이는 다른 공기 청정기와 달라. 바로 탄소 발자국 인증을 받은 제품이라고!"

수민이의 말에 친구들은 고개를 갸우뚱했어.

"탄소 발자국?"

"그게 뭔데?"

친구들의 질문에 수민이는 대답했어.

"너희들 혹시 우리가 우리도 모르는 사이에 이산화탄소를 만든다는

거 알고 있어?"

수민이의 말에 지후는 황당한 얼굴로 말했어.

"뭐? 그게 무슨 소리야? 나는 이산화탄소를 만든 적 없는데?"

"응, 그래서 내가 '우리도 모르는 사이'라고 했잖아. 지금 이 순간에도 우리는 이산화탄소를 계속 배출하고 있어. 사람은 먹고 씻고 이동하기 위해 에너지를 사용하는 동안 이산화탄소를 배출하거든."

지후와 예리는 수민이에게 귀를 기울였어.

"네 식구가 한 달 평균 배출하는 탄소의 양은 103.625킬로그램이야. 이건 어린 소나무를 37그루 심어야 정화할 수 있는 양이래."

예리는 깜짝 놀라 말했어.

"그렇게나 많이?"

지후는 잘 이해할 수 없는지 수민이에게 물었어.

"그런데 이산화탄소랑 탄소 발자국이랑 무슨 상관인데?"

"사람들이 걸어 다닐 때 발자국이 남잖아? 사람들이 생활한 자리에도 마치 발자국처럼 이산화탄소가 남아. 그래서 사람들이 만들어 내는 이산화탄소의 양을 탄소 발자국이라고 하는 거야."

예리는 탄소 발자국이라는 이름이 너무 귀엽다며 소리쳤어. 지후는 갑자기 깊은 생각에 빠져들었지.

"잠깐만. 이산화탄소…. 어디서 많이 들어 봤는데…. 그래, 맞아! 그거 지구 온난화를 일으키는 온실가스 아니야?"

"맞아. 사람들이 생활을 할 때도, 물건이 만들어질 때도 이산화탄소는 계속 나와. 그래서 사람들은 이산화탄소를 적게 배출하는 방법에 대해 고민했어. 그 결과, 탄생한 것이 바로 탄소 발자국 인증 제도야."

지후와 예리는 수민이의 이야기에 귀를 기울였어.

"탄소 발자국 인증 제도는 제품이 만들어지는 모든 과정에서 나온 탄소 발자국을 표시하는 제도야. 사람들이 탄소 배출량을 비교할 수 있도록 도와주는 거지. 그리고 탄소 발자국 인증을 받은 제품 중에서 탄소 배출량을 줄인 제품에는 '저탄소 제품 인증'을 해! 우리 구름이는 저탄소 인증까지 받은 공기 청정기라고!"

수민이는 내 몸에 붙은 저탄소 제품 인증 표시를 친구들에게 당당히 보여 줬어.

"우와! 정말 멋진데?"

달라진 지후의 반응에 나는 기분이 우쭐해졌지.

"그러니까 이 표시가 붙어 있으면 환경을 덜 오염시키는 거네?"

예리의 질문에 수민이는 고개를 끄덕였어.

"맞아!"

"나는 이런 게 있는 줄도 몰랐는데……?"

지후는 탄소 발자국에 대해 잘 아는 수민이가 신기한 것 같았어. 수민이는 어깨를 으쓱이며 설명을 이어 나갔어.

"탄소 발자국 인증 제도를 가장 먼저 시작한 나라는 영국이야. 일찍부터 탄소 발자국 인증 제도를 시작해서 인증 표시가 붙은 물건이 무려 2만 5000여 개나 되지. 영국에는 가전제품은 물론이고 감자칩이나 음료수에도 탄소 발자국 표시가 붙어 있어!"

역시 내가 수민이네 집으로 온 건 결코 우연이 아니었어. 평소 환경 문제에 관심이 많은 수민이가 탄소 발자국 인증이 붙은 공기 청정기를 사자고 부모님께 말씀드렸던 거야.

"우리 집 공기 청정기에는 혹시 탄소 발자국 인증 표시가 붙어 있나? 궁금해서 못 참겠어! 확인해 보러 가야지!"

지후가 일어나자 예리도 지후의 뒤를 따라나섰어.

"앗! 나도 당장 확인해 볼래! 수민아, 안녕!"

문 밖으로 나가려던 지후가 문득 수민이를 돌아보고 외쳤어.

"수민아, 네 공기 청정기 정말 멋있어! 인정!"

지후가 후다닥 나가자 수민이는 씨익 웃으며 내 머리를 쓰다듬었어.

"멋있고말고! 우리 구름이가 최고야!"

나는 기분이 날아갈 듯 좋아졌어. 그리고 오늘, 수민이가 어제보다 더 좋아졌다고 생각했지. 나는 수민이가 더 자랑스러워하는 공기 청정기가 되고 싶어졌어. 그러기 위해서는 내 할 일을 미룰 수 없었어.

웨에엥에엥! 나는 다시 바쁘게 몸을 움직이기 시작했어. 깨끗한 공기를 정화하려면 하루 24시간도 부족하거든. 오늘도 바쁘다, 바빠!

환경과 에너지는 왜 함께 생각해야 할까?

에너지를 사용해서 지구가 아프다고?

에너지의 발전으로 사람들의 삶은 눈에 띄게 편리해졌어. 에너지를 이용해 기계를 움직이게 되자 짧은 시간 안에 많은 물건을 만들 수 있었어. 또 편하게 먼 곳으로 이동할 수 있게 되었지.

증기 기관차의 발명으로 철도 시대가 열리자 여러 나라들은 새로운 기술을 활발히 공유했어. 이를 통해 인류는 산업적으로 큰 발전을 이루었지. 1770년경부터 영국을 중심으로 유럽에서 시작된 이러한 변화를 '산업 혁명'이라고 해.

산업 혁명으로 사람들의 생활은 이전과 비교할 수 없게 편리해졌지. 하지만 어디에선가 고통스러운 목소리도 들려왔어.

"으으! 뜨거워! 뜨거워도 너무 뜨거워!"

대체 누구의 목소리냐고? 바로 우리가 살고 있는 지구의 목소리야.

산업 혁명의 물결이 전 세계로 퍼지는 동안 화석 연료 사용량은 나날이 증가했어. 전 세계의 굴뚝에서는 화석 연료를 태우느라 검은 연기가

온실효과

쉴 새 없이 나왔지. 사람들은 화석 연료가 신이 인간에게 준 고마운 선물이라고 생각했어. 그래서 무분별하게 사용했지. 그러자 아무도 예상하지 못했던 문제가 일어났어. 지구가 점점 뜨거워지고 있었던 거야.

화석 연료를 사용하면 이산화탄소, 메탄, 이산화질소, 프레온, 오존 같은 물질이 나와. 그런데 이러한 물질은 대기를 오염시켜 온실 효과를 심하게 만들지.

온실 효과란 이산화탄소 같은 온실가스가 지구에서 나오는 열을 지구 밖으로 빠져나가지 못하도록 막는 현상이야. 식물을 기르기 위해 알맞은 온도와 습도를 조절하는 시설을 '온실'이라고 하지? 마치 지구가 온실처럼 태양열을 보관해 생명체가 살기에 적합한 온도로 유지하는 현상을 온실 효과라고 해.

본래 온실 효과는 지구의 평균 기온을 유지시키는 긍정적인 기능을 해. 다른 행성들과 달리 지구에 생명체들이 살 수 있는 이유도 바로 온실 효과 때문이지.

하지만 화석 연료를 많이 쓰면서 온실가스가 많아지자 온실 효과 역시 지구에 필요한 정도를 넘어서 버렸어. 과도한 온실 효과로 인해 지

==구의 평균 기온이 오르는 현상을 '지구 온난화'라고 해.==

 사람들이 에너지 자원으로 쓰려고 나무를 베고 숲까지 파괴해 버리자 온실 효과는 더 심해졌어. 나무는 이산화탄소를 흡수하고 지구의 공기를 정화하는 일을 하거든. 나무를 다 베어 버린다는 것은 지구의 공기 청정기를 없애 버린 일이나 다름없지. 오늘날 대기에 포함된 이산화탄소의 양은 19세기에 비해 33%나 증가했어. 이 때문에 지구의 평균 온도는 0.6~0.7℃ 상승했지.

에너지의 역습이 시작되었어!

 지구가 따뜻해지면 좋은 거 아니냐고? 언뜻 생각하면 추위에 시달릴 필요도 없고, 작물도 더 잘 자랄 것 같지? 하지만 온난화 문제는 그렇게 단순하지 않고 다양한 문제를 일으켜.

 혹시 TV에서 작은 빙하 위에 위태롭게 앉아 있는 북극곰을 본 적이 있니? 지구의 온도가 높아지자 가장 먼저 남극과 북극에 있는 빙하가 녹기 시작했어. 북극곰의 터전인 빙하가 사라지자 북극곰은 점점 먹이를 구하기 힘들어 굶어 죽게 되었어. 현재 북극곰은 멸종 위기 동물로 지정되어 보호를 받고 있어. 지구 온난화로 인해 세계 최초로 공식적인 보호를 받는 동물이 된 거야. 이건 온난화가 일으킨 문제의 시작에 불과해.

지구는 70%의 바다와 30%의 육지로 구성되어 있어. 그런데 30%의 육지 가운데 약 10%는 빙하로 덮여 있지. 지구의 온도가 높아져 빙하가 녹으면 어떻게 될까? 빙하가 녹은 물이 바다로 흘러가 해수면이 높아지겠지? 그만큼 바다가 더 넓어지고 사람들이 사는 육지의 면적이 줄어들 거야. ==빙하의 높이가 1미터 낮아질 때마다 해수면은 3센티미터씩 높아진다고 해.==

아름다운 경관으로 유명한 남태평양의 섬, 몰디브는 해수면이 올라와 매년 조금씩 가라앉고 있어. 이대로라면 2100년에는 섬 전체가 바다 속에 잠길 거라는 예측도 나왔지. 우리나라의 제주도, 울릉도, 독도도 매년 바다 아래로 조금씩 가라앉고 있어.

==또한 지구 온난화는 기후 변화를 일으켜. 전 세계 곳곳에서 가뭄, 폭염, 홍수 등 기상 이변이 자주 나타나고 있어.== 이로 인해 사람들이 크

게 피해를 입거나 목숨을 잃기도 해.

지구 온난화는 바다 생태계에도 혼란을 일으키지. 동해에서 많이 잡히던 물고기들이 이제 더 이상 보이지 않고 남해에서 잡히던 물고기들이 갑자기 동해에서 잡히는 식이야. 실제로 동해의 대표 어종이었던 명태가 자취를 감추었어. 또, 우리나라에서 볼 수 없던 거대 해파리나 상어가 나타나 피해를 입은 사례도 있어.

이처럼 온난화는 지구에 다양한 문제를 일으켜. 지구의 평균 온도가 1℃가 상승할 때마다 식량 생산이 크게 줄고 물 부족 문제가 심각해진다고 해. 멸종되는 식물의 수 역시 늘어나지. 인간의 삶에 큰 도움을 주는 줄 알았던 화석 에너지가 지구 온난화라는 무서운 재앙을 가져온 거야.

환경을 위한 에너지 약속

사람들은 지구 온난화가 단순히 한 나라의 문제가 아니라 지구 전체의 문제라는 사실을 받아들이게 되었지. 그 결과, 국제 사회는 힘을 합쳐 지구 온난화를 이겨 내기 위해 움직였어.

"지구 온난화는 더 이상 한 나라의 문제가 아닙니다. 모두 함께 해결 방법을 고민해 봅시다!"

1992년, 온실가스 문제를 함께 고민하기 위해 세계 각국은 브라질 리우데자네이루에 모였어. 이 자리에서 세계인들은 지구의 기상 이변이 사람들이 일으킨 환경 파괴 때문이라고 인정했어. 그리고 온실가스를 줄이기로 약속했지. 이를 '기후변화협약' 또는 '리우환경협약'이라고 해.

하지만 단순한 약속만으로 온실가스가 크게 줄어들지는 않았어. 그래서 1997년, 각 나라의 대표들은 일본 교토에 모여 더 구체적인 약속을 했지. 온실가스를 줄이는 방법에 대해 의논하고 그 내용을 문서로 만들었는데 이것이 바로 '교토 의정서'야.

교토 의정서에 따르면 선진국 38개 국가가 2008년부터 2012년까지 온실가스 배출량을 5.2% 줄이기로 약속했어. 교토 의정서를 체결한 후, 각 나라는 온실가스를 적게 배출하는 에너지에 대해 고민했어. 온실가스를 배출하지 않는 원자력 에너지도 체르노빌과 후쿠시마에서 일어난 원전 사고로 더는 안전한 에너지가 아니었지. 이때, 환경을 살리는 에너지로 주목받은 에너지가 있었어. 바로 신재생에너지야.

> 환경을 살리는 에너지를 알아보자!

신재생에너지란 새로운 에너지를 뜻하는 '신 에너지'와 계속해서 다시 생겨나는 에너지를 뜻하는 '재생 에너지'를 합쳐 부르는 말이야. 신재생에너지는 환경 오염이 적고 지속적인 에너지 공급이 가능한 미래 에너지 자원이야. 신재생에너지에는 어떤 것들이 있을까?

먼저 신 에너지에는 수소 에너지, 연료 전지, 석탄을 액화·가스화한 에너지가 있어.

수소 에너지

물을 분해하면 얻을 수 있는 수소를 이용해 만든 에너지야. 수소 에너지는 공해 물질이 거의 나오지 않고 일반 연료, 자동차, 비행기 등

다양한 분야에서 사용할 수 있어. 미래 에너지 중에서 가장 주목을 받고 있지.

다만, 수소 에너지를 이용하려면 수소의 생산, 저장 및 수송 방법의 문제를 해결해야 돼. 수소는 기체 가운데 가장 가볍고, 폭발 위험이 크거든. 이것을 에너지로 만들려면 고도의 기술이 필요해. 또 아직까지는 대량으로 생산하려면 비용이 많이 든다는 문제도 있어.

연료 전지

수소와 산소를 화학적으로 반응시켜 전기를 생성하는 장치야. 연료 전지는 에너지 손실이 적어 효율적으로 전기를 쓸 수 있고 발전소, 가전 기기용 전원, 휴대용 전원, 연료 전지 자동차 등

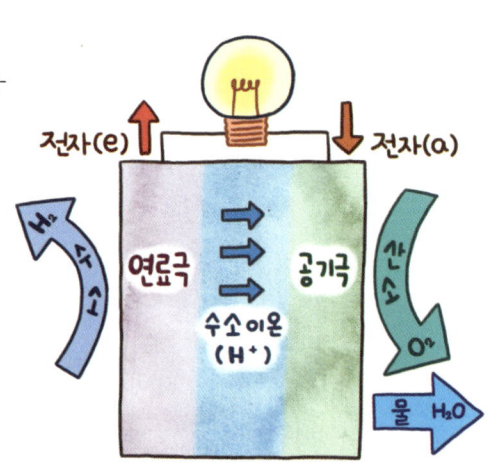

다양한 곳에 사용할 수 있어. 또, 에너지를 생성하는 과정에서 나오는 열을 난방과 온수에 쓸 수 있어. 소음과 공해도 거의 없지. 하지만 아직까지는 연료 전지 장치가 비싸다는 문제가 있어. 또한 수소 에너지와 마찬가지로 주요 원료가 수소이기 때문에 저장과 수송이 까다로워.

석탄 액화 · 가스화 에너지

석탄 액화는 석탄을 휘발유 같은 액체 연료로 바꾸는 기술이야. 석탄 가스화는 석탄을 가스로 만든 뒤, 이 가스를 이용해 전기를 생산하

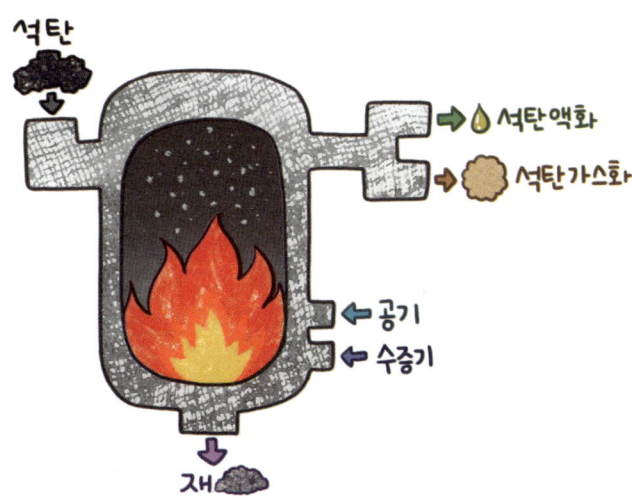

는 기술이지. 석탄 액화·가스화 에너지는 저렴한 원료를 쓸 수 있고 환경 오염의 위험이 크게 줄어든다는 장점이 있어.

재생 에너지에는 태양·풍력·수력·바이오 에너지 등이 있어.

태양 에너지

태양에서 오는 열과 빛 형태의 에너지야. 태양이 가진 열 에너지를 이용해 난방을 하고 온수를 만드는 태양열 주택, 태양이 가진 빛 에너지를 이용해 전기를 만드는 태양 전지가 포함되지.

태양은 매일 뜨기 때문에 에너지원의 양이 무궁무진하고, 환경 오염을 일으키지 않아. 하지만 초기 시설을 짓는 비용이 비싸고 계절이나 날씨에 영향을 많이 받는다는 단점이 있지.

풍력 에너지

바람의 힘으로 발전기를 돌려 전기를 얻는 에너지야. 풍력 에너지는 다른 미래 에너지에 비해 설치 시간이 짧다는 장점이 있어. 게다가 우리나라는 삼면이 바다라서 바람이 많이 불어. 그래서 풍력 에너지를 얻기에 지형 조건이 알맞지.

하지만 풍력 발전은 바람이 많이 부는 바닷가나 높은 산 위에만 설치할 수 있어. 또 바람이 늘 일정하게 부는 것은 아니라서 생산할 수 있는 에너지의 양이 불규칙하다는 단점이 있어.

수력 에너지

물이 높은 곳에서 낮은 곳으로 떨어지는 힘을 이용해 전기를 만드는 에너지야. 수력 발전은 환경 오염을 거의 일으키지 않는 친환경에너지야. 한 번 지어 놓으면 계속 쓸 수 있는 에너지이지. 또 필요한 만큼 에

너지의 양을 조절하기 쉽다는 장점이 있어.

하지만 낙차가 크고 물의 양이 풍부한 하천의 중·상류 지역에만 지을 수 있다는 단점이 있어. 우리나라는 낙차가 큰 지형이 많이 없어서 수력 발전에 다소 불리한 편이야.

바이오 에너지

바이오매스(biomass)를 태워서 에너지를 만드는 방식이야. 바이오매스란 나무나 풀, 가축의 똥, 음식물 쓰레기 등을 에너지원으로 사용하는 것을 말해. 바이오 에너지는 거의 모든 생물체를 이용해서 어느 곳에서나 얻을 수 있어. 또 알코올, 수소 가스, 전기 에너지 등 다양한 형태로 에너지를 전환할 수 있지.

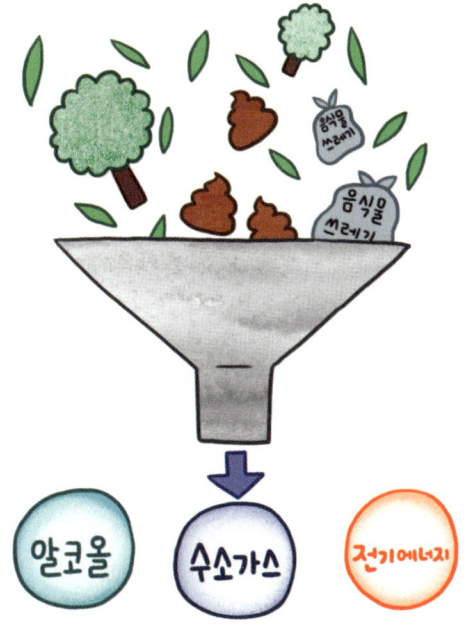

하지만 바이오 에너지를 만들려면 식물을 대량으로 기를 넓은 땅이

필요해. 또한 아직 발생하는 에너지의 양이 일정하지 않아서 활용하기에 어려움이 있어.

이처럼 신재생에너지는 초기 비용이 많이 들고, 에너지를 충분히 생산하지 못한다는 단점이 있어. 하지만 환경 오염을 일으키지 않고 고갈되지 않는다는 엄청난 장점이 있지.

그렇기 때문에 세계의 에너지 연구자들은 신재생에너지의 장점을 극대화하고 단점을 해결하기 위해 활발히 연구하고 있어. 세계 각국은 신재생에너지의 사용량을 늘리고 있지. 우리나라 역시 신재생에너지 개발에 힘쓰고 있어.

환경을 살리는 첫걸음, 우리부터 시작해

전 세계는 지금 환경을 살리는 '클린 에너지'에 집중하고 있어. 클린 에너지란 환경 오염을 일으키지 않는 깨끗한 에너지를 말하지. 에너지 문제를 해결하고, 클린 에너지가 자리 잡으려면 개인의 노력 역시 중요해. 그렇다면 우리가 할 수 있는 노력은 무엇일까?

우리가 지구를 살리는 가장 쉬운 방법은 바로 '탄소 발자국 줄이기'를 실천하는 거야. 탄소 발자국이란 일상에서 만들어지는 온실가스, 특히 이산화탄소의 양을 말해. 탄소 발자국을 줄이면 지구 온난화를 막아 지구를 살릴 수 있어. 하지만 아직 탄소 발자국에 대한 사람들의 인식은 부족한 편이지. 탄소 발자국을 줄이는 방법을 알아보고 지구를 살리는 노력을 시작해 보는 건 어떨까?

탄소 발자국을 줄이는 방법

◎ 절전등 설치하기

사용하지 않을 때, 자동으로 절전이 되는 전구를 '절전등'이라고 해. 한 가정에서 전구 한 개만 절전등으로 바꿔도 1년에 자동차 80만 대가 배출하는 만큼의 온실가스를 줄일 수 있어.

◎ 에어컨 필터 청소하기

꽉 막힌 에이컨 필터는 전기를 더 많이 먹고 온실가스 배출량도 늘어나게 해. 에어컨을 사용하기 전에 꼭 필터를 청소하자.

◎ 일주일에 하루는 채식하기

우리가 즐겨 먹는 소나 양 같은 동물은 방귀로 온실가스를 배출해. 우리가 고기를 덜 먹으면 온실가스를 내뿜는 가축 역시 많이 낳아 키우지 않아도 될 거야. 그러면 온실가스의 양도 줄어들 거야.

72

◎ 스프레이 제품 사용하지 않기

스프레이 제품에 든 프레온 가스는 온난화의 주범이야. 가능하면 스프레이 제품을 사용하지 말자.

◎ 저탄소 제품 사용하기

같은 물건이라도 저탄소 제품은 탄소 배출량이 훨씬 적어. 물건을 살 때, 다음과 같은 저탄소 인증 표시가 붙어 있는지 잘 살펴보자.

저탄소 인증 제품을 사용하는 것은 탄소 발자국을 줄이는 가장 쉽고 좋은 방법이야.

 이야기 셋

커피로 달리는 버스가 있다고요?

영국의 한 도시, 에드워드 박사가 길 한복판에 우두커니 서 있었어요. 벌써 15분째 한자리에 가만히 서 있는 중이었지요. 이웃들은 호기심 어린 눈길로 에드워드 박사를 바라봤어요.

"에드워드 박사님이 또 고민을 하고 있나 봐요!"

"그러게요. 오늘은 또 어떤 연구 때문에 고민에 빠진 걸까요?"

"글쎄요. 에드워드 박사님의 머릿속에 들어가 봤어야 말이죠!"

사실 이웃들에게 에드워드 박사의 이런 모습은 매우 익숙했어요. 에드워드 박사는 생각에 빠지면 그 자리에 멍하니 멈춰 서 있는 습관이

있었거든요. 오늘처럼 길 한복판에 우두커니 서 있는 것은 그다지 특별한 축에도 끼지 못했어요. 한 번 고민에 빠지면 레스토랑에서 식사를 하다가도, 공원에서 개와 산책을 하다가도 홀로 생각에 잠겼지요. 심지어 마트에서 물건을 계산하던 중에 생각에 빠진 적도 있었어요.

에드워드 박사가 움직이자 호기심을 참지 못한 이웃들은 에드워드 박사를 향해 물었어요.

"박사님, 오늘 어떤 연구 때문에 고민에 빠진 건가요?"

에드워드 박사는 잠시 쑥스러워하다가 대답했어요.

"아! 새롭게 에너지를 만들 수 있는 원료가 없을까 고민 중이랍니다."

에드워드 박사의 직업은 에너지 공학자예요. 다양한 에너지 공학 분야 가운데서도 아카시아 나무, 사탕수수, 고구마, 폐식용유 등을 이용해 에너지를 만드는 바이오 에너지 공학자였지요.

"아, 저번에 설명해 주신 바이오매스를 말하는 거죠?"

바이오매스란 바이오 에너지의 원료가 되는 생물체를 말해요. 이웃들도 에드워드 박사에게 자주 설명을 들어 잘 알고 있었지요.

"네, 맞습니다. 새로운 바이오매스를 찾고 있는 거지요!"

"얼마 전에는 유채 씨로 자동차 연료를 만들었다고 들었는데 그새 또 새로운 바이오매스를 찾고 계시는군요?"

"그렇습니다."

"연구가 잘되기를 응원하겠습니다!"

에드워드 박사는 이웃들에게 미소를 보인 뒤, 발길을 돌렸어요. 그러나 얼마 지나지 않아 이웃들은 또 생각에 잠겨 멈춰 선 에드워드 박사를 발견했지요. 이웃들은 입을 모아 말했어요.

"에드워드 박사님은 정말 못 말린다니까!"

집에 돌아온 후에도 에드워드 박사의 고민은 끝나지 않았어요. 에드워드 박사는 얼마 전 긴 연구 끝에 유채 씨를 이용해 바이오디젤을 만드는 데 성공했어요. 바이오디젤이란 자동차의 연료로 사용되는 재생 가능한 식물성 연료예요. 유채 씨 기름을 알코올에 반응시킨 뒤, 정제하면 바이오디젤을 만들 수 있지요.

"새로운 바이오매스가 어디 또 없을까?"

유채 씨 바이오디젤을 만든 후에도 에드워드 박사의 열정은 식지 않았어요. 아니, 오히려 더욱 활활 불타올랐지요.

세계 곳곳에서 에너지 공학자들은 다양한 생물체를 이용한 바이오 에너지를 연구했어요. 그 결과, 사탕수수에서 얻은 알코올을 자동차 연료로 쓰기도 하고, 소똥을 발효해 도시가스로 이용하기도 했지요.

바이오 에너지는 나무토막, 톱밥, 심지어 쓰레기까지 에너지로 만들 수 있었어요. 적은 자본으로도 개발할 수 있고, 다른 에너지에 비해 매우 안전했지요.

하지만 바이오 에너지는 아직 필요한 양을 감당할 만큼 충분하지 않았어요. 연료가 되는 식물을 많이 재배하면 상황이 나아질 테지만 그러려면 더 많은 땅이 필요했지요. 또, 지역마다 토지 면적이 달라서 에너지의 생산량도 차이가 났어요. 어떤 지역은 에너지가 풍부한 반면 어떤 지역은 에너지 부족에 시달리기도 했어요. 에드워드 박사가 새로운 바이오매스를 찾는 이유 역시 이런 문제를 해결하고 싶어서였어요.

"흠…. 바이오디젤을 만들기 위해 유채 기름이 필요하지. 유채 기름 85ℓ를 얻으려면 1500㎡ 면적의 재배지가 필요한데… 넓은 토지를 쓰지 않고도 많은 에너지를 얻을 수 있는 바이오매스는 없을까?"

한동안 책상 앞에 앉아 고민에 잠긴 에드워드 박사는 의자를 박차고 일어났어요.

"이렇게 앉아만 있다고 해서 좋은 생각이 떠오를 것 같지 않아. 커피나 한 잔 마시며 머리를 좀 식혀야지!"

에드워드 박사가 자주 가는 카페는 집에서 그리 멀지 않은 곳에 있

었어요. 하지만 에드워드 박사가 카페에 도착하기까지는 꽤 오랜 시간이 걸렸지요. 카페에 가는 길에도 계속 연구와 관찰을 했기 때문이에요.

에드워드 박사는 길가에 솟은 잡초 하나, 버려진 바퀴 하나도 허투루 보지 않았어요.

"잡초로 에너지를 만든다면? 버려진 바퀴를 에너지로 이용한다면?"

일상에서 버려지거나 숨어 있는 에너지를 찾아 개발하는 것이 바로 에드워드 박사의 일이었으니까요.

에드워드 박사의 머릿속을 가득 채운 생각을 멈추게 한 것은 향긋한 커피 냄새였어요. 콧구멍 안으로 밀려오는 커피 냄새를 맡고 나서야 에드워드 박사는 카페 앞에 도착했다는 사실을 깨달았지요.

"으음! 언제 맡아도 좋은 이 향기!"

에드워드 박사는 커피를 아주 좋아했어요. 커피의 풍부한 향과 혀 위에 감도는 쌉싸름한 맛은 복잡한 머릿속을 맑게 만들어 주었어요.

"에드워드 박사님, 오셨군요?"

바리스타인 콜린이 에드워드 박사를 반갑게 맞이했어요. 바리스타란 커피를 전문적으로 만들어 주는 사람을 말해요. 에드워드 박사는 콜린이 만든 커피를 특히 좋아했어요.

"박사님, 꽤 오랜만인 것 같아요."

"그동안 연구를 하느라 발길이 좀 뜸했다네. 따뜻한 커피 한 잔 내려 주겠나?"

"물론이죠!"

콜린은 정성스럽게 커피를 만들기 시작했어요. 먼저, 단단한 커피 원두를 분쇄기에 넣고 고운 가루로 만들었어요. 컵 위에 올려 둔 여과지 속에 커피 가루를 넣은 뒤, 뜨거운 물을 천천히 흘려 넣었지요.

에드워드 박사는 이 모습이 흥미로운지 유심히 지켜봤어요.

"언제 봐도 커피 내리는 모습은 재미있군."

어느새 따뜻한 커피 한 잔이 완성되었어요.

"자, 커피 나왔습니다."

에드워드 박사는 김이 모락모락 피어오르는 커피를 한 모금 마셨어요. 잠시나마 근심을 모두 잊을 만큼 맛이 아주 훌륭했지요.

커피를 반 정도 비웠을 때, 에드워드 박사는 문득 콜린에게 시선이 갔어요. 콜린은 커피 찌꺼기를 버리고 있었지요. 커피를 한 잔 만들면 종이컵 절반 분량의 찌꺼기가 나왔어요. 콜린은 이 커피 찌꺼기를 부지런히 포대 자루에 버렸어요. 어느새 커피 찌꺼기는 커다란 포대 자루를 한가득 채웠어요.

에드워드 박사는 잠시 커피 잔을 내려 두고 포대 자루에 다가갔어요. 포대 자루에는 다음과 같은 종이가 붙어 있었어요.

'커피 찌꺼기-무료로 가져가서도 됩니다.'

에드워드 박사가 물끄러미 포대 자루를 보고 있자 콜린이 물었어요.

"박사님도 커피 찌꺼기를 좀 가져가시겠어요? 화분에 거름으로 줘도 되고, 신발장의 탈취제로도 요긴해요."

"이걸 다 버리는 건가?"

"네. 커피 원두의 0.2%만이 커피로 변하고 나머지 99.8%는 찌꺼기가 되거든요! 손님들께 무료로 나눠 드리고 있는데 워낙 양이 많아서 아주 처치 곤란이라니까요."

에드워드 박사는 불현듯 아침에 읽은 신문 기사를 떠올렸어요. 전 세계적으로 커피가 매일 15억 잔 소비되며 영국에서만 매년 커피 찌꺼기가 20만 톤 버려진다는 내용이었지요.

"만약 이 커피 찌꺼기로 에너지를 만들 수 있다면?!"

에드워드 박사의 눈이 번쩍 빛났어요.

"내가 이 커피 찌꺼기를 모두 가져가도 되겠나?"

"네, 물론이죠! 하지만 무겁지 않으시겠어요?"

콜린의 말이 채 끝나기도 전에 에드워드 박사는 포대 자루를 번쩍

들고 카페를 뛰쳐나갔어요.

"그래, 바로 이거야!"

"박사님, 그러다 허리를 다치겠어요!"

콜린이 걱정스럽게 소리쳤지만 에드워드 박사는 신이 나 포대 자루가 무거운지도 몰랐어요.

곧장 연구실에 돌아온 에드워드 박사는 포대 자루를 연구실 중앙에 내려놨어요.

"으윽! 허리가 좀 뻐근한데?"

무거운 포대 자루를 들고 오느라 허리에서 찌르르 통증이 느껴졌어요. 아픔도 잠시, 에드워드 박사는 얼른 자리에 앉았어요. 그리고 커피 찌꺼기로 바이오 에너지를 생산할 수 있을지 연구하기 시작했지요.

"어차피 찌꺼기를 쓰는 거니까 바이오매스를 재배할 토지가 아예 필요 없지! 게다가 커피 찌꺼기에 기름도 약 20% 들어 있군! 이 기름을 이용하면 자동차 연료가 되는 바이오디젤을 만들 수 있을 것 같은데?"

커피 찌꺼기에 대해 연구를 하면 할수록 희망은 더욱 커졌어요. 커피 찌꺼기는 다른 연료보다 변질이나 부패될 우려가 적었어요. 그래서 더 안정적인 에너지원을 만들 수 있었어요. 또 커피 찌꺼기 속 탄소 함

량은 0.51이었는데 나무, 소의 똥, 볏짚이 0.47인 것에 비하면 꽤 높은 수치였어요. 이 역시 좋은 신호였지요. 탄소 함량이 높다는 것은 성능이 우수한 연료를 만들 수 있다는 뜻이거든요.

"그래, 커피 찌꺼기는 새로운 바이오매스로서 충분해!"

에드워드 박사는 본격적인 연구에 돌입했어요. 가장 먼저 영국의 카페와 식당에서 버려진 커피 찌꺼기를 수집했어요. 수집한 커피 찌꺼기는 재활용 시설로 옮겼지요. 그런 다음, 수분을 없애기 위해 바싹 말렸어요. 잘 마른 커피 찌꺼기에서 추출한 오일을 다른 연료와 혼합해 바이오 연료를 만들 계획이었지요. 하지만 바이오 연료를 만들기란 결코 쉽지 않았어요. 여러 번 실패하자 자신만만하던 에드워드 박사도 조금씩 지쳐 갔어요.

"이대로 실패하고 마는 것인가."

하지만 에드워드 박사는 스스로를 다독이며 힘을 냈어요. 커피 찌꺼기가 좋은 바이오 연료가 될 거라는 확신이 있었거든요. 이미 세계 곳곳에서는 식물, 음식, 쓰레기를 이용한 바이오 연료가 활발하게 사용되고 있었어요. 커피 찌꺼기라고 불가능할 이유는 없었지요.

또 에드워드 박사에게는 에너지 공학자로서 책임이 있었어요. 환경오염을 일으키지 않으면서 손쉽게 사용하는 에너지원을 만들어 에너

지 격차를 해소하는 것! 그것이야말로 에너지 공학자가 해야 할 일이라고 생각했거든요.

　마음을 다잡은 에드워드 박사는 연구에 돌입했어요. 힘이 들 때면 옥수수, 사탕수수, 유채 씨앗으로 만든 바이오 연료로 달리는 자동차들을 보았어요. 그 모습을 보면 다시 희망을 가질 수 있었어요.

　커피 냄새로 가득 찬 연구실에 처박혀 연구에만 매달리기를 몇 달째. 에드워드 박사는 마침내 커피 찌꺼기로 바이오 연료를 만드는 데 성공했어요. 커피 찌꺼기에서 추출한 커피 오일을 이용해 디젤 자동차의 연료

인 바이오디젤을 만든 거예요.

"드디어 성공했어!"

몇 년 뒤, 에드워드 박사는 기자들에게 둘러싸여 있었어요. 에드워드 박사의 뒤에는 영국의 상징이라고도 불리는 빨간색 2층 버스가 서 있었지요. 오늘은 에드워드 박사가 커피 찌꺼기로 만든 바이오 디젤을 넣은 2층 버스가 운행되는 첫날이었어요.

긴장한 에드워드 박사를 향해 기자들은 질문을 퍼부었어요.

"어떻게 커피 찌꺼기로 바이오 연료를 만들 생각을 하신 겁니까?"

에드워드 박사는 당당하게 대답했어요.

"런던 사람들은 하루 평균 커피를 2.3컵 마시고 일 년에 커피 찌꺼기를 20만 톤 이상 배출합니다. 그래서 저는 커피 찌꺼기를 이용해 바이오 연료를 개발해야겠다고 생각했습니다. 일상에서 버려지는 것을 허투루 보지 않고 에너지로 만드는 걸 고민하는 것이 바로 에너지 공학자의 일이니까요."

에드워드 박사의 대답에 사람들은 큰 박수를 보냈어요. 마침내 2층 버스가 런던 곳곳을 달리기 시작했어요. 쌩쌩 달리는 2층 버스를 보자 에드워드 박사는 그동안의 고생이 눈 녹듯 사라지는 것 같았답니다.

에너지와 과학이 만나면 어떤 일이 일어날까?

똥으로 에너지를 만든다고?

사람이 평생 싸는 똥의 양이 얼마나 되는지 알아? 사람은 평생 10~20톤 정도의 똥을 싼다고 해. 지구에 사는 70억 명이 1년에 배출하는 대변은 2천 900억 킬로그램이야. 갑자기 웬 똥 이야기냐고? 혹시 사람의 똥으로도 에너지를 만들 수 있다는 거 알고 있니?

환경 오염과 에너지 고갈에 대한 걱정이 커지자 에너지 공학자들은 환경을 해치지 않으면서 지속 가능한 재생 에너지에 관심을 가졌어. 처음에는 나무, 바람, 태양 등 자연을 이용한 재생 에너지만 활용했지. 그러다 점차 새로운 에너지가 없을까 고민하기 시작했어.

하지만 반짝이는 아이디어가 있다 해도 이를 뒷받침할 기술이 없다면 소용없는 지식에 불과했어. 다행히 18세기 산업 혁명 이후, 과학 기술은 눈부신 발전을 이루었어. 에너지 분야에도 큰 영향을 미쳤지. 과거에는 에너지라 여기지 않은 것들도 에너지로 만들게 되었거든.

에너지 공학자들은 새로운 에너지를 찾아 연구를 거듭했어. 그 결과 식물과 쓰레기는 물론 동물과 사람의 똥으로도 에너지를 만들 수 있게 되었어. 실제로 영국에는 사람의 똥으로 움직이는 '바이오 버스'가 있어. 세계 최초의 똥 버스로 불리는 이 바이오 버스는 사람의 똥을 발효시켜 만든 메탄가스로

영국의 바이오 버스

움직여. 지붕 위에는 연료가 담긴 탱크가 놓여 있는데 한 탱크에 저장된 메탄가스로 최대 300킬로미터(km)까지 달릴 수 있다고 해. 이것은 다섯 명이 1년간 배출하는 배설물의 양과 같아. 이 버스의 겉면에는 화장실에서 볼일을 보는 사람들의 모습이 그려져 있어. 배설물을 이용해 움직이는 바이오 버스임을 알리는 재밌는 그림이야. 똥이 에너지원인 버스라니 정말 신기하지 않니?

   배설물 이외에도 사탕수수, 해초, 커피 찌꺼기 등이 바이오 에너지의 에너지원으로 이용되고 있어. 이것들은 모두 과거에는 에너지로 여기지 않았던 것들이야. 하지만 과학 기술이 발전하면서 새로운 친환경 에너지로 주목받고 있지. 이처럼 생물체를 통해 얻는 에너지를 '바이오 에너지'라고 해.

바이오 에너지가 뭘까?

바이오 에너지에서 '바이오'는 살아 있는 것, 생물을 뜻해. 즉, 바이오 에너지란 생물을 이용해 만든 에너지라는 의미야.

==더 정확히는 생물체를 직접 태우거나 발효시켜서 얻는 에너지야.==

바이오 에너지는 바이오매스를 통해 만들어져. 바이오매스는 생물을 뜻하는 '바이오'와 물질을 뜻하는 '매스'가 합쳐진 말이야. 바이오 에너지를 생산하기 위해 사용되는 생물 에너지원을 말하지. 예를 들어 똥으로 에너지를 만든다면 똥이 바로 바이오매스인 거야. 대표적인 바이오매스로는 사탕수수, 옥수수, 유채, 조류, 동물의 배설물, 쓰레기 등이 있어.

사탕수수, 옥수수

사탕수수와 옥수수 같은 곡물에는 당분이 매우 많아. 바로 이 당분을 발효시키면 휘발유 대신 사용할 수 있는 에탄올을 얻게 돼. 이렇게 곡물을 이용한 연료를 바이오에탄올이라고 해. 주로 자동차 연료로 쓰지. 바이오에탄올은 바이오디젤과 함께 대표적인 재생 에너지

로 꼽혀. 화석 연료와 달리 계속해서 재생이 가능해. 상대적으로 오염 물질도 덜 나온다는 장점이 있어.

유채꽃

유채꽃에서 채취한 식물성 기름에 화학 반응을 일으키면 바이오디젤이 만들어져. 바이오디젤은 주로 경유를 쓰는 디젤 자동차의 연료로써. 바이오에탄올과 함께 바이오 에너지 가운데 가장 널리 사용되는 연료야.

바이오디젤은 아직까지 경유보다 생산 가격이 높은 탓에 널리 활용되지는 않아. 그럼에도 고갈 위험이 없고 환경 오염이 적어서 친환경 연료로 환영받고 있지. 독일과 이탈리아에서는 도심버스와 대형 트럭은 100퍼센트 바이오디젤을 반드시 사용하도록 하고 있어.

조류

조류는 물속에 살며 광합성을 하는 식물을 말해. 미역, 다시마, 클로렐라 등이 속하지. 조류는 현재 가장 주목받는 바이오매스야. 번식력이 매우 왕성해서 다른 작물보다 에너지를 만들 재료를 많이 얻을 수 있거든.

자연에서 조류가 지나치게 많아지면 수질을 악화시키는 녹조 현상을 일으켜. 그런데 조류를 이용해 에너지를 만들면 이러한 녹조 현상을 방지할 수 있어. 석유를 대신할 바이오 연료도 만들고, 수질 오염도 막는 1석 2조 효과를 거두는 거야.

배설물

인간이나 동물의 똥은 이미 유럽에서 광범위하게 쓰이고 있어. 배설물을 탱크에 넣은 뒤, 미생물을 넣고 발효시키면 바이오가스를 만들 수 있어. 바이오가스는 가스레인지나 가스 보일러에 쓰여.

　농장에서 나오는 가축의 배설물은 처리 비용이 많이 들어. 이 때문에 바다나 농지에 배설물을 몰래 버려 환경을 오염시키는 사람들도 있지. 가축의 배설물은 메탄가스를 배출해 지구 온난화를 일으키는 원인도 돼. 가축 분뇨를 에너지로 만들면 배설물을 환경적으로 처리하고 온실가스까지 줄이는 셈이야.

　바이오 에너지는 폐기물을 태워 없애기 때문에 쓰레기를 줄이고, 식물의 광합성을 통해 이산화탄소를 흡수하여 지구 온난화를 늦추는 장점이 있어. 또 가스, 액체 등 다양한 에너지로 전환이 가능하지. 바로 이러한 점 때문에 세계 각국은 바이오 에너지 개발에 힘쓰고 있어.

　하지만 바이오 에너지에도 단점은 있어. 바로 생물체를 태워 에너지를 얻는 과정에서 공기를 오염시키는 먼지나 황산화물이 생긴다는 점이야. 또 최근에는 곡물을 이용한 바이오 에너지가 많아지면서 이로 인한 식량 부족 문제가 떠오르고 있어.

> 바이오 에너지 때문에 식량이 부족해!

바이오 에너지 기술이 개발되자 사람들은 콩, 유채, 해바라기 씨와 같은 곡물로 다양한 바이오디젤을 만들기 시작했어. 그야말로 바이오 연료 붐이 일어났지.

"바이오 연료만 있다면 에너지 부족을 해결할 수 있을 거야!"

콩, 옥수수만 있으면 더 이상 석유 부족을 걱정하지 않아도 된다니! 에너지 고갈을 두려워하던 사람들에게는 정말 엄청난 일이었어.

브라질은 내친 김에 아마존의 밀림을 없애고, 그 자리를 옥수수 밭으로 만들었어. 옥수수를 발효시키면 자동차 연료인 에탄올을 얻게 되거든. 이에 뒤질세라 미국, 인도, 중국, 러시아도 발 빠르게 움직였지.

"넓은 땅에서 키운 곡물들을 바이오디젤의 원료로 써야겠어!"

세계 곳곳으로 곡물을 수출하던 나라들은 더 이상 곡물을 수출하지 않고 바이오 연료를 만드는 데 썼어. 이때까지만 해도 바이오 연료의 장점에만 집중하느라 어떤 문제가 벌어질지 알 수 없었지.

본래 사람이 먹을 식량으로 생산되던 곡물을 다른 용도로 쓰면 어떻게 될까? 바로 사람이 먹을 식량이 부족해지겠지? 바이오 에너지를 만드느라 곡물을 갑자기 많이 소비하게 되자 세계 곳곳에서는 식량 부족 현상이 일어났어. 자연히 곡물 가격까지 크게 올랐지. 이러한 현상은 일반 물가에도 영향을 끼쳐, 전체 물가 역시 빠르게 치솟았지. '애그플레이션' 현상이 일어난 거야.

애그플레이션이 뭔가요?

애그플레이션이란 '농업'을 뜻하는 '애그리컬쳐(agriculture)'와 '물가 상승'을 뜻하는 '인플레이션(inflation)'이 합쳐진 말이야. 농산물 가격이 오르면 물가까지 덩달아 상승하는 것을 의미하지.

애그플레이션의 원인은 매우 다양해. 기상 이변으로 곡물의 생산량이 줄거나, 산업화로 경작지가 줄거나, 기름 값이 올라 곡물 운송비용이 늘어나는 것도 원인이 되지. 최근에 와서는 바이오 에너지도 원인으로 주목받고 있어.

애그플레이션에 크게 영향을 끼치는 대표적인 곡물은 밀, 옥수수, 콩이야. 이 곡물들은 사람들이 가장 많이 먹는 식량인 동시에 바이오 연료의 에너지원이야. 바이오 에너지를 많이 만들수록 사람이 먹을 식량이 부족해질 가능성이 커져. 이 때문에 바이오 에너지가 애그플레이션의 주요 원인으로 지목되는 거야.

실제로 미국에서는 전체 옥수수 생산량 가운데 20%나 바이오 에너지의 원료로 사용되고 있어. 또 미국과 유럽을 중심으로 바이오 에너지 시설을 적극적으로 늘리고 있어 아마 바이오 에너지에 쓰일 곡물은 더 늘어날 거야.

바이오 에너지는 화석 에너지의 좋은 대안인 것은 분명해. 미래에도 지속 가능한 에너지이기 때문이야. 태양광, 풍력 등 재생 에너지를 사용하려면 그에 맞는 시설을 새로 지어야 하지만, 바이오 에너지는 기존 시설을 그대로 이용할 수 있어. 이 때문에 경제적인 에너지라는 평을 듣고 있지.

그러나 바이오 에너지는 식량 부족을 일으킬 우려가 있어. 이런 상황으로 인해 중요성이 더욱 커지는 역할이 있지. 바로 '에너지 공학자'야.

에너지 공학자란 바이오매스를 이용해 에너지와 연료를 생산하고, 연구하는 사람을 말해. 에너지 공학자가 하는 일은 매우 다양하지만 크게 세 가지로 나눌 수 있어.

> 에너지 공학자의 역할이 점점 더 중요해지고 있어!

에너지 공학자가 하는 일

- 화석 연료를 대체할 수 있는 새로운 바이오매스 연구
- 바이오매스나 폐기물을 에너지로 만드는 방법 개발
- 바이오매스를 고체 연료, 가스, 액체 연료 등 다양한 형태로 활용하는 기술 연구

에너지 공학자는 폭넓은 지식과 끊임없는 연구를 통해 에너지 발전에 힘쓰고 있어. 화석 연료의 대안으로 등장한 신재생에너지 역시 에너지 공학자가 없었다면 개발되지 못했을 거야. 이 때문에 사람들이 에너지 공학자에게 거는 기대는 매우 커. 바이오 에너지를 비롯한 친환경에너지에는 아직 해결해야 할 문제들이 있거든. 이러한 문제를 에너지 공학자들이 해결해 주리라 믿는 거지.

화석 연료가 고갈되고, 환경 오염이 심각해지면서 세계 곳곳에서는 새로운 에너지를 개발하기 위해 노력하고 있어. 세계 각국의 에너지 공학자들은 더 안전하고, 깨끗한 미래 에너지를 위해 지금 이 시간에도 힘쓰고 있지.

최근 들어 에너지 공학자들 가운데 더 집중을 받는 분야가 있어. 바로 에너지 하베스팅 전문가야. 에너지 하베스팅이란 일상생활에서 버려지거나 소모되는 에너지를 모아 전력으로 재활용하는 기술을 말해.

우리는 의식하지 못하지만, 지금 이 시간에도 우리 주변에서는 수많은 에너지가 발생하고 있어. 우리가 길을 걸을 때는 발바닥이 바닥을 누르는 압력 에너지가 생겨. 자동차나 기차가 움직일 때는 극심한 진동 에너지가 생기지. 심지어 휴대폰이나 전자레인지를 사용할 때 나오는 전자파 역시 에너지야. 하지만 대부분 에너지라고 인식되지 못해서 제대로 쓰이지 못한 채 그냥 사라지고 있어.

"일상에서 버려지는 에너지를 모아 다시 쓸 수 있는 방법이 없을까?"

에너지 하베스팅 전문가들은 이러한 물음에서 출발했어. 버려지는 에너지를 잘 모아 전기로 바꿔 쓸 생각을 한 거야. 바람, 물, 진동, 온도 등의 자연 에너지뿐만 아니라 사람의 진동, 실내의 조명광, 방송 전파 등도 에너지로 만드는 방법에 대해 연구했지. 그 결과, 최근에는 와이파이 전파를 에너지로 모으는 기술이 등장했어. 또 변기에서 물을 내리는 힘을 이용해 전기를 생산하기도 했어. 에너지 하베스팅에 활용되는 에너지는 어떤 것들이 있을까?

- **신체 에너지 하베스팅** : 몸의 움직임을 통해 발생하는 체온, 정전기, 운동 에너지를 이용하는 방법
- **광 에너지 하베스팅** : 태양의 빛에서 발생된 에너지를 이용하는 방법
- **열 에너지 하베스팅** : 산업 현장에서 발생하는 폐열을 이용하는 방법
- **전자파 에너지 하베스팅** : 휴대폰이나 전자기기 등에서 나오는 전자파를 이용하는 방법
- **중력 에너지 하베스팅** : 어느 물질에 일정한 압력을 가했을 때 전류가 생기는 '압전 효과'를 이용하는 방법. 주로 도로의 과속 방지턱, 횡단보도 일시정지선

등에 공기 압력 펌프를 설치한 뒤, 자동차가 이 펌프를 밟는 힘을 이용한다.

- **위치 에너지 하베스팅** : 수력발전소, 화력발전소의 방수로에서 생기는 위치 에너지 차이를 이용하는 방법

에너지 하베스팅은 버려지는 에너지를 이용하기 때문에 환경 오염을 일으키지 않아. 에너지 생산 비용도 매우 저렴하지. 무엇보다 일상에서 버려진 '자투리 에너지'를 활용한다는 점에서 큰 의의가 있어.

하지만 아직은 에너지 생산량이 들쑥날쑥하다는 단점이 있어. 다행히 에너지 하베스팅에 뛰어드는 공학자들이 늘어나면서 해결책이 속속 나오고 있지.

사람들은 하베스팅 전문가들이 에너지 하베스팅 기술을 이용해 에너지 격차를 해소해 주기를 기대해. 일상에서 버려지는 에너지는 어느 곳에나 존재하거든. 그러니 이것을 이용해서 에너지가 부족한 곳의 문제를 해결할 수 있을 거라 생각하기 때문이지.

실제로 영국의 하베스팅 전문가들은 밟기만 해도 전력을 생산할 수 있는 마루 타일 '페이브젠'을 만들어 브라질의 빈민가에 설치했어. 학

생들이 복도 위를 걷는 것만으로도 전기가 생산되는 압전 에너지 하베스팅 시스템을 이용한 거야. 이를 통해 브라질 아이들은 밤에도 환한 불빛 아래서 축구를 할 수 있게 되었어.

  이처럼 에너지 격차를 해소하고, 친환경에너지를 만든다는 점에서 에너지 하베스팅 전문가는 앞으로 더 중요해질 거야. 미래 유망 직업으로도 주목받고 있지.

 이야기 넷

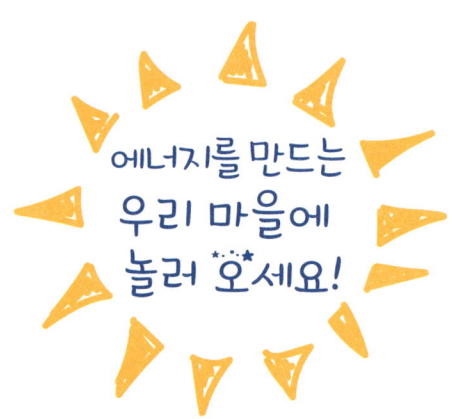

한가한 주말 오후, 하윤이는 구름 한 점 없는 하늘을 올려다보며 미소 지었어요.

"하윤아, 뭘 그리 보고 웃고 있니?"

"엄마, 하늘 좀 보세요! 태양이 쨍쨍 빛나고 있어요! 흐흐! 오늘은 달걀이 아주 잘 익겠어요!"

하윤이의 미소에 엄마의 얼굴에도 덩달아 웃음이 번졌어요. 그런데 대체 눈부신 햇빛과 달걀이 무슨 상관이기에 하윤이의 기분이 이토록 좋은 걸까요?

"엄마! 저 공동 식당에 다녀올게요!"

가벼운 발걸음으로 하윤이는 단숨에 마을 공동 식당 앞에 도착했어요. 곧장 식당 앞에 설치된 태양열 조리기로 달걀을 삶기 시작했지요. 하윤이가 쨍쨍한 햇빛을 보고 기분이 좋았던 이유는 태양열 조리기로 달걀을 삶을 생각 때문이었던 거예요.

태양열 조리기는 태양열을 모아 음식을 익히는 기계예요. 하윤이가 쓰는 태양열 조리기에는 자동으로 태양을 추적하는 센서가 있어요. 그래서 기존 조리기처럼 따로 각도를 조작하지 않아도 되었지요. 태양이 비추는 방향에 맞춰 스스로 움직여서 금세 높은 온도로 조리할 수 있었거든요. 이 조리기는 독일의 발명가, 볼프강 쉐플러가 발명해서 '쉐플러 조리기'라고도 불려요.

얼마 지나지 않아 냄비 안에서 보글보글 기분 좋은 소리가 들려왔어요. 하윤이는 따끈따끈하게 삶아진 달걀을 조심스레 꺼내 식당 안으로 들어왔어요. 뜨거운 달걀을 호호 불어 껍질을 벗기자 뽀얗고 먹음직스럽게 익은 속살이 드러났지요.

잘 익은 달걀을 소금에 살짝 찍어 먹자 꿀맛이 따로 없었어요. 하윤이는 앉은 자리에서 달걀 다섯 개를 금세 해치웠지요. 그러다 문득 독일에 사는 친구, 다니엘은 지금 무엇을 하고 있을까 궁금해졌어요.

"독일 시간은 우리보다 8시간이 늦으니까……. 지금쯤 다니엘은 아침을 먹고 있겠네?"

하윤이는 스마트폰을 꺼내 독일에 있는 다니엘에게 메시지를 보냈어요.

'다니엘! 뭐하고 있어?'

얼마 지나지 않아 다니엘이 사진 한 장을 보내왔어요. 바삭바삭하게 익은 식빵 한 조각을 찍은 사진이었어요.

'태양열 조리기로 빵을 굽고 있는 중이야!'

'앗! 나도 지금 막 태양열 조리기로 달걀을 삶아 먹었는데!'

하윤이는 다니엘과 텔레파시가 통한 것 같아 기분이 좋아졌어요.

평소 다니엘은 하윤이와 SNS를 통해 자주 일상을 주고받았어요. 비록 몸은 멀리 떨어져 있지만 둘은 마음이 아주 잘 통하는 친구였거든요.

하윤이가 다니엘과 친해진 지는 몇 달 되었어요. 에너지 자립 마을에 사는 하윤이는 SNS에 마을 소식을 자주 올렸어요. 하윤이가 올린 게시물을 보고 다니엘이 말을 걸었지요. 다니엘 역시 독일에 있는 에너지 자립 마을에 살고 있어서 하윤이가 올린 게시물에 관심을 갖게 된 거예요.

에너지 자립 마을은 마을 공동체에서 에너지를 절약하고, 마을에서

필요한 에너지를 주민들이 직접 생산해 생활을 하지요. 하윤이는 한국에, 다니엘은 독일에 살았지만 에너지 자립 마을에 산다는 공통점이 있어 빨리 친해졌어요. 둘은 마을에서 경험한 일을 공유하는 것을 매우 좋아했어요. 게다가 다니엘은 독일에 살지만 아빠가 한국 사람이라서 한국말을 아주 잘했거든요.

얼마 전, 다니엘은 하윤이에게 기분 좋은 소식을 알려 주었어요. 바로 가족 휴가로 한국에 온다는 소식이었지요. 다니엘을 만날 생각에 하윤이는 가슴이 두근거렸어요.

어느새 시간이 흘러 다니엘을 만날 날이 코앞으로 다가왔어요.

'다니엘, 며칠만 지나면 우리가 드디어 만나는구나. 하루라도 빨리 만나고 싶어!'

'나도 마찬가지야. 네가 사는 마을도 정말 궁금해! 약속했던 대로 마을을 꼭 구경시켜 주기다?'

'물론이지!'

하윤이는 한참 동안이나 다니엘과 수다를 떨었어요. 그러다 공동 식당에서 갑자기 울리는 사이렌 소리에 깜짝 놀랐어요.

"아잇! 깜짝이야!"

갑자기 사이렌이 울린 것은 공동 식당에 전기가 부족하다는 신호였

어요. 그제야 하윤이는 뒤늦게 오늘의 자전거 발전 담당이 자신이라는 사실을 떠올렸어요.

"아차차! 오늘은 내가 자전거 발전기를 돌리는 날인데!"

서둘러 다니엘과 인사를 나눈 하윤이는 공동 식당 건물 뒤쪽으로 뛰어갔어요. 그리고 그곳에 설치된 자전거에 폴짝 올라탔지요. 공동 식당은 자전거 발전기로 생산한 전기를 이용했어요. 그래서 날마다 담당을 정해 자전거 페달을 밟아야 했지요.

하윤이는 페달을 신나게 밟기 시작했어요. 페달을 밟는 일이 조금 힘들긴 해도 운동을 하면서 전기도 생산할 수 있으니 1석 2조인 셈이에요. 하윤이가 한 시간 동안 페달을 밟으면 자전거 발전기에서는 전기가 2백 와트 생산됐어요. 한 시간에 50와트가 소비되는 선풍기를 무려 네 시간 동안 작동시킬 수 있는 양이었지요.

하윤이는 며칠만 지나면 다니엘을 볼 수 있다는 생각에 기분이 좋아졌어요. 페달을 돌리는 하윤이의 발은 날개를 단 듯 더욱 가벼웠어요.

"다니엘이 빨리 왔으면 좋겠다!"

며칠 뒤, 다니엘의 가족이 하윤이네 마을을 방문하는 날이 되었어요. 하윤이는 다니엘을 실제로 만나는 건 처음이라 어색하지는 않을까

107

조금 걱정이 되었어요. 하지만 막상 다니엘을 만나자 괜한 걱정이었다는 걸 알게 됐지요. 다니엘이 하윤이에게 너무나 반갑게 인사해 주었거든요.

"하윤아! 반가워. 정말 보고 싶었어!"

"나도야!"

다니엘의 부모님은 반갑게 인사를 나누는 다니엘과 하윤이를 흐뭇하게 바라봤어요. 하윤이는 다니엘의 부모님에게도 인사를 건넸어요.

"네가 하윤이구나. 다니엘에게 정말 많이 들었어! 우리는 너에 대한 이야기만큼이나 너희 마을에 대한 이야기도 많이 들었단다."

다니엘의 가족 역시 에너지 자립 마을에 살고 있어서 하윤이네 마을에 대해 궁금한 것이 많은 눈치였어요. 하윤이는 다니엘의 가족에게 마을을 직접 안내하기로 했어요.

하윤이를 따라 마을을 둘러보던 다니엘이 하윤이에게 물었어요.

"하윤아, 저건 태양광 시스템이야?"

다니엘이 가리킨 것은 집집마다 지붕 위에 설치된 태양광 패널이었어요.

"응, 맞아. 우리 마을은 태양광을 이용해 전기를 만들거든. 되도록 화석 연료를 쓰지 않으려고."

하윤이의 설명에 다니엘도 자신의 마을 이야기를 들려줬어요.

"독일의 우리 마을은 가축의 분뇨와 목재를 이용해 전기를 만들어. 마을에서 필요한 에너지보다 훨씬 많은 전기가 생산되어서 다른 데 팔기도 해. 판매 수익은 마을을 위해 쓰고 있어."

하윤이는 다니엘과 함께 이야기하는 것이 무척 즐거웠어요. SNS로 이야기할 때는 독일과 한국의 시차가 맞지 않아 대화가 끊기는 경우가 있었어요. 하지만 오늘은 그럴 일이 전혀 없었지요.

이때, 마을 한쪽에서 새 집을 짓는 광경을 본 다니엘의 아버지가 하윤이에게 물었어요.

"그런데 저 볏짚은 무엇이니?"

한창 공사하고 있는 집 앞에는 볏짚들이 차곡차곡 쌓여 있었어요.

"아, 저건 스트로베일 하우스를 만들고 있는 거예요. 벽과 벽 사이에 넣을 볏짚이에요."

"스트로베일 하우스?"

다니엘의 어머니가 호기심 어린 눈빛으로 물었어요.

"네, 스트로베일이 볏짚이라는 뜻인 건 알고 있으시죠? 벽과 벽 사이에 볏짚을 넣어 집을 만들면 단열 효과가 뛰어나거든요. 그래서 난방, 냉방 비용을 줄일 수 있어요."

109

하윤이는 에너지 자립 마을에 살며 새로운 에너지를 만드는 것만큼이나 에너지를 절약하는 게 중요하다는 걸 배웠어요. 이 때문에 하윤이네 마을에서는 애초에 집을 지을 때 에너지를 절약할 수 있는 방법으로 만들었어요.

하윤이의 설명을 듣던 다니엘은 표정이 어두워졌어요. 그리고 하윤이에게 조심스럽게 물었어요.

"그런데 하윤아, 볏짚을 넣은 집이면 불에 약하지 않을까? 화재가 일어나면 위험할 수도 있어."

다니엘의 말에 하윤이는 여유롭게 대답했어요.

"맞아, 그런 걱정을 할 수 있어. 하지만 너무 걱정 마. 이 볏짚은 집을 짓는 용도로 만든 특별한 볏짚이거든. 아주 강하고 단단하게 압축한 볏짚이기 때문에 불이 붙으면 그을리기만 하고 바로 꺼져."

다니엘은 매우 깜짝 놀랐어요.

"그을리기만 하고 바로 꺼지는 볏짚이라고? 정말 멋진데?"

"그뿐만 아니야. 볏짚은 자연 재료이기 때문에 유해 물질이 나오지 않아. 새집 증후군도 문제없지!"

하윤이와 다니엘 가족이 마을 구경을 다 마쳤을 즈음, 하윤이는 시간을 확인하고 깜짝 놀랐어요.

"어? 시간이 벌써 이렇게 됐네! 어서 서둘러야겠어요!"

하윤이는 다니엘 가족을 이끌고 어디론가 향했어요.

하윤이가 다니엘 가족과 함께 도착한 곳은 마을 공터였어요. 공터에는 이미 많은 사람들이 모여 있었어요. 사람들의 머리 위에는 커다란 현수막이 펄럭거리고 있었지요.

'유채꽃 바이오디젤 체험 농장'

공터에 모인 사람들은 모두 '유채꽃 바이오디젤 체험 농장'을 위해 찾아온 사람들이었어요.

에너지 자립 마을에 대한 관심이 점점 커지자 하윤이네 마을에서 진행하는 체험 프로그램도 큰 인기를 끌었어요. 사실 몇 년 전까지만 해도 하윤이네 마을은 주민들이 하나둘 떠나던 시골 마을이었어요. 하지만 주민들이 직접 참여해 에너지를 절약하고, 친환경에너지를 생산하는 에너지 자립 마을로 거듭났지요. 그러자 덩달아 하윤이네 마을을 찾는 사람들도 많아졌어요.

"유채꽃 바이오디젤 체험 농장에 오신 것을 환영합니다."

사람들 앞에 나선 사람은 바로 하윤이네 엄마였어요. 하윤이네 엄마는 유채꽃 바이오디젤 체험 농장을 담당하고 있었거든요.

"바이오디젤은 식물성 기름을 원료로 해서 만든 무공해 연료를 뜻합니다. 주로 경유로 움직이는 디젤자동차의 연료로 사용되지요. 그럼 유채꽃으로 바이오디젤을 만들어 볼까요?"

하윤이와 다니엘의 가족 그리고 사람들은 유채 씨앗에서 직접 짠 기름을 이용해 바이오디젤을 만들기 시작했어요.

바이오디젤을 만드는 과정은 조금 복잡했어요. 익숙하지 않은 화학 약품까지 다루려니 다니엘은 진땀을 흘렸지요. 하지만 바이오디젤을 많이 만들어 본 하윤이 덕분에 차근차근 따라갈 수 있었어요.

어느새 유리병에는 하윤이와 다니엘이 만든 바이오디젤이 찰랑찰랑 차 있었어요.

"이걸로 진짜 자동차를 움직일 수 있단 말이야?"

다니엘은 신기한지 유리병에서 눈을 떼지 못했어요. 그 모습을 바라보던 엄마가 싱긋 웃으며 외쳤어요.

"자, 그럼 우리가 만든 바이오디젤로 자동차가 정말 움직이는지 어디 한 번 작동시켜 볼까요?"

엄마는 공터 한쪽에 세워진 자동차에 다니엘과 하윤이가 만든 바이오디젤을 넣었어요. 엄마가 운전석에 올라타자 공터에 모인 사람들은 일제히 숨을 죽이고 엄마를 바라봤어요. 다니엘 역시 긴장한 듯 자동

차에서 시선을 떼지 못했지요.

마침내 엄마가 시동을 걸자 부르르릉! 우렁찬 엔진 소리가 울려 퍼졌어요. 힘차게 움직이는 자동차를 바라보던 사람들은 환호를 터뜨렸지요.

"우리가 만든 바이오디젤로 자동차를 움직였어!"

"진짜 신기한데?"

얼마나 신이 났는지 다니엘이 제자리에서 폴짝폴짝 뛰었어요. 하윤이도 덩달아 웃음이 터졌어요.

그날 밤, 다니엘의 가족은 하윤이네 집에 묵기로 했어요. 하윤이와 다니엘은 배불리 저녁을 먹고 오늘 있었던 일에 대해 신나게 이야기했어요. 그러던 중, 다니엘이 하윤이에게 말했어요.

"하윤아, 오늘 있었던 일을 SNS 친구들에게 공유하면 어떨까? 나 혼자만 알기에는 너무 좋은 경험이었거든! 많은 사람들하고 나누고 싶어!"

다니엘의 제안에 하윤이도 역시 흔쾌히 응했지요.

"좋아!"

하윤이는 오늘 하루 다니엘과 함께하며 찍은 사진들을 SNS에 올렸

어요. 사진 속에는 다니엘과 하윤의 다양한 모습들이 담겨 있었어요. 얼마 지나지 않아 세계 곳곳에 있는 친구들이 하윤이가 올린 사진에 글을 남겼어요. 글을 남긴 친구들 가운데는 하윤이의 글을 보고 에너지 자립 마을에 대해 처음 알게 된 친구도 있었어요. 또한 하윤이와 다니엘처럼 에너지 자립 마을에 사는 친구도 있었지요.

'에너지 자립 마을? 되게 신기하네! 나도 가 보고 싶다!'

'우리 마을에서는 똥을 묵혀서 바이오 가스를 만들어 쓰고 있어!'

'내가 사는 제주도는 바람이 많이 불어. 그래서 바람을 이용한 풍력 발전기로 에너지를 만들어.'

하윤이와 다니엘은 머리를 맞대고 친구들이 남긴 글을 하나하나 읽어 봤어요.

하윤이가 친구들이 남긴 글을 읽는 데 푹 빠져 있을 때, 캄보디아에서 하윤이네 아빠가 보낸 사진이 도착했어요. 캄보디아에 사는 '썸냥'이라는 소년이 자전거 발전기 위에 앉아 손가락으로 브이를 하고 있는 사진이었지요.

'하윤아! 이곳 아이들도 하윤이 너처럼 자전거 발전기를 아주 좋아하는구나!'

하윤이의 아빠는 캄보디아나 몽골에 에너지 자립 마을을 세우는 일

을 하고 있어요. 사람들에게 에너지를 생산할 기술을 알려 주고 에너지 자립 마을을 만들도록 돕지요.

"다니엘, 이거 봐!"

하윤이는 아빠가 보내온 사진을 다니엘에게 보여 줬어요.

"어? 하윤이 네가 타던 자전거 발전기네?"

이미 하윤이의 SNS에서 자전거 발전기를 본 적이 있는 다니엘이 아는 체를 했어요.

"맞아, 아빠가 캄보디아에 가서 자전거 발전기를 설치해 주셨대!"

하윤이는 사진 속 활짝 웃는 썸낭을 보며 또 새로운 친구가 생긴 것 같아 기분이 좋아졌어요. 독일에서 온 다니엘과 세계 곳곳의 SNS 친구들, 캄보디아의 썸낭까지 모두 하나의 에너지 공동체 안에 살고 있다고 느꼈어요.

에너지, 모두 함께 행복하게 살아가는 '공존'을 만들다

에너지에도 빈부 격차가 있다고?

우리는 정보화 시대에 살고 있어. 자고 일어나면 새로운 기술들이 탄생하고, 편리한 제품들이 쏟아져 나오지. 태블릿 PC로 영화를 보고, 인터넷으로 궁금한 것을 찾아보는 건 우리에게는 아주 익숙한 일이야. 그런데 그거 아니? 우리가 이렇게 편리한 생활을 하는 것과 달리 아직 전기조차 쓰지 못하는 나라도 있다는 것 말이야.

　오늘날, 전 세계에는 76억 명의 사람들이 살고 있어. 그 가운데 20억 명 정도는 전기가 없어 불을 밝히지 못해. 우리가 매일 사용하는 인터넷 역시 누구나 다 쓰는 건 아니야. 전 세계 인구 중 인터넷을 사용하지 못하는 사람들이 40억 명 정도 된다고 해. 우리가 너무나 익숙하게 누리는 것들을 아예 구경조차 해 보지 못한 사람들이 세상에는 굉장히 많아.

　이처럼 에너지를 사용하는 일에도 누군가는 에너지를 쉽게 쓸 수 있고, 누군가는 에너지를 쓸 수 없는 격차가 있어. 이것을 에너지 불평등, 에너지의 빈부 격차라고 하지.

　돈이 아주 많은 부자와 가난한 사람의 생활은 서로 어떻게 다를까? 아마 많은 부분이 다를 거야. 부자는 맛있는 음식을 배불리 먹을 테고, 부자가 아닌 사람은 배가 고파도 충분하게 먹을 수 없겠지. 에너지를 사용하는 일도 마찬가지야. 에너지를 많이 가진 부자와 에너지를 못 가진 사람은 삶이 아주 다를 거야. 그렇다면 도대체 왜 에너지의 빈부 격차가 생기는 걸까?

에너지 빈부 격차는 왜 생기는 걸까?

에너지를 사용하려면 많은 비용이 들어. 에너지를 만드는 재료를 사야 하고, 에너지를 공급할 시스템도 필요하지. 이 때문에 에너지가 풍부한 나라들은 대부분 경제가 발달한 선진국들이야. 선진국들은 풍부한 자본과 기술로 에너지를 많이 만들 수 있지. 반면 에너지가 부족한 나라들은 상대적으로 경제가 발전하지 않은 개발 도상국이나 최저 개발국들이야.

미국, 영국, 독일 등 선진국들은 주로 지구의 적도 위쪽인 북반구에 몰려 있어. 가난한 나라들은 지구의 적도 아래쪽인 남반구에 많이 있지. 북반구에 있는 선진국들과 남반구에 있는 개발 도상국 사이의 경제적 격차는 이미 세계 문제로 인식될 만큼 심각해. 사람들을 이 문제를 '남북 문제'라고 불러.

이러한 경제적 차이는 단순히 돈이 많은 나라, 돈이 적은 나라로 구분되는 것에 그치지 않아. 경제적 차이는 정치, 문화뿐만 아니라 에너지 문제까지 영향을 미치거든. 자본과 기술이 풍부한 나라들은 에너지를 생산하는 기술이 더 빠르게 발전해. 반면 자본과 기술이 부족한 나라들은 에너지 발전 역시 뒤처지거든. 가난한 나라일수록 에너지 부족 현상이 더 많이 생길 수밖에 없는 거야.

에너지 공학자들은 선진국과 개발 도상국 간의 에너지 격차가 점점 심해질 거라 예측해. 세계 각국의 나라들은 에너지 부족을 극복하기

위해 신재생에너지를 개발하고 있어. 그런데 신재생에너지 역시 풍부한 자본력과 기술이 뒷받침되어야 만들 수 있기 때문이야.

에너지 빈부 격차는 나라와 나라 사이에만 있는 것은 아니야. 한 나라 안에서도 도시와 농촌 사이에 에너지 격차가 생길 수 있어. 많은 사람이 있는 도시는 에너지에 관련된 기술과 정보를 구하기 편리해. 반면 농촌은 그렇지 않지. 그렇다면 에너지 불평등을 해결할 방법은 없는 걸까?

빛나는 아이디어로 이겨 낸 에너지 불평등

에너지는 삶의 질에 아주 큰 영향을 끼쳐. 에너지를 이용하면 더 편리하고 안락한 생활을 누릴 수 있지. 이 말을 바꾸어 보면 에너지가 없는 환경은 삶의 질을 현저하게 떨어뜨린다고 할 수 있어. 그래서 사람들은 에너지 부족으로 어려움을 겪는 이들을 도울 기술을 발명했어.

전기를 만드는 축구공

아프리카의 어린이들은 밤이 되면 꼼짝 없이 집에 있어야 돼. 전기가 보급되지 않아 앞이 보이지 않을뿐더러 밤에 크게 다치면 치료를 받을 수 없거든. 전기가 없으니 병원의 불을 켤 수 없고, 의료 기기도 작동할 수 없으니까 말이야.

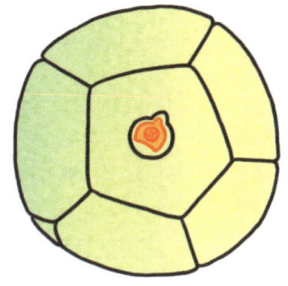

하버드 대학교 학생들은 아프리카 아이들에게 전기를 선물하고 싶었어. 하지만 전기 시설을 설치하기에는 너무나 큰돈과 기술이 필요했지. 그래서 그 대신 축구공을 선물했어.

아프리카 아이들이 선물 받은 축구공은 축구공 모양의 발전기였어. **이 축구공 발전기는 아이들이 낮 동안 열심히 축구를 하면 축구공 안에 전기를 저장해. 이렇게 저장한 전기로 밤에 램프를 밝힐 수 있지.** 15분 동안 공을 차고 놀면 3시간 정도 LED를 밝힐 수 있는 에너지가 나와. 아프리카 아이들은 운동을 하며 전기도 얻게 된 거야. 이 축구공은 아프리카 아이들에게 건강과 환한 밤을 선물했어.

쉐플러 태양열 조리기

인도의 여성들 중에는 불편한 환경에서 식사를 준비하는 사람들이 많아. 전기와 가스 공급이 되지 않아서 직접 불을 피워 요리해야 하거든. 한 번 요리를 하려면 먼 곳까지 걸어가 땔감을 구해야 하는데 땔감을 찾는 동안 몸이 다칠 수도 있지. 또, 매캐한 연기를 맡으며 요리를 하기 때문에 폐질환에도 많이 걸려.

독일의 발명가, 볼프강 쉐플러는 에너지 부족 국가의 사람들을 위해 태양열 조리기를 발명했어. 이것은 반사판으로 태양열을 모아 음식을 익히는 조리기야. 전기가 없어도 누구나 편하게 요리할 수 있지.

쉐플러 조리기 이전에도 태양열 조리기는 있었어. 이러한 태양열 조리기는 태양의 움직임에 따라 조리기의 방향을 조절해야 해서 다소 불편했어. 이와 달리 쉐플러 조리기는 태양을 추적하는 시스템이 있어 따로 조작하지 않아도

태양이 비추는 방향으로 알아서 움직여. 최대 약 1500℃까지 온도를 올릴 수 있고, 열을 저장해 두었다가 밤이나 겨울에 사용할 수도 있지.

쉐플러 조리기 덕분에 인도의 여성들은 땔감을 구하러 다닐 필요가 없어졌어. 연기를 맡으며 요리하지 않아도 되니 폐질환에 걸릴 우려도 줄어들었지. 쉐플러 조리기는 현재 인도를 비롯한 21개 나라에서 사용돼.

스스로 에너지를 만들어 쓰는 에너지 자립 마을

에너지 불평등 문제가 점점 심각해지자 사람들은 더 근본적인 해결책을 고민했어. 에너지가 부족한 곳에 도움을 주는 것도 좋지만 가장 좋은 해결책이라고 할 수는 없었어. 계속 도움만 주면 에너지가 부족한 사람들은 도움을 주는 이들에게 의존할 수밖에 없거든. 이렇게 되면 에너지가 부족한 사람들이 자립할 가능성도 낮아져.

"에너지가 부족한 지역에서 에너지 문제를 스스로 해결할 수는 없을까?"

　이러한 고민에서 시작되어 새로운 해결법으로 등장한 것이 바로 '에너지 자립 마을'이야.

　<mark>에너지 자립 마을이란 마을 공동체에서 에너지 소비를 줄이고 에너지 자립도를 높이는 마을을 말해. 마을에서 필요한 에너지를 마을 주민들이 직접 생산하는 것이 가장 큰 특징이지.</mark>

　에너지 자립 마을의 주민은 에너지 소비자인 동시에 생산자야. 하수 처리장, 쓰레기 매립장처럼 사람들이 싫어하거나 피하는 시설의 땅을 활용하여 바이오가스, 태양광 같은 재생 에너지를 주민들이 직접 생산하지. 이렇게 만든 에너지를 다른 곳에 판매도 해. 그로 인해 주민들의 소득이 늘어나고, 지역 경제가 활성화된다는 장점이 있어. 또한 친환경에너지를 생산해 사용하기 때문에 환경 문제도 동시에 해결할 수 있지. 세계 각국에는 어떤 에너지 자립 마을이 있는지 알아볼까?

오스트리아 무레크

　평범한 농촌처럼 보이는 무레크 마을은 세계 최초 에너지 자립 마을로 명성이 높아. 폐식용유와 유채를 이용해 만든 바이오디젤만 판매하는 전용 주유소가 처음 세워진 곳으로도 유명하지. 무레크 마을은 1700명이 사는 작은 마을이지만 에너지 자립도가 무려 170%나 된다고 해. 마을에서 자체 생산한 연료로 자동차를 움직이고, 난방을 하고도 에너지가 남을 정도지. 이렇게 남은 에너지는 다른 도시에 판매해 마을의 소득을 올리고 있어. 무레크 마을은 에너지 자립 마을의 성공 사례로 손꼽혀. 이 때문에 에너지 자립에 성공한 비결을 배우기 위해 전 세계의 관광객이 마을을 방문하고 있지.

독일 다르데스하임

독일의 작은 도시인 다르데스하임은 주민들이 직접 풍력 회사인 '에너콘'을 설립해 에너지를 생산하기 시작했어. 이후 태양광, 바이오가스 등에도 투자해 에너지 자립 도시로 성장했지. 다르데스하임에서 생산되는 에너지는 주민 1000명이 소비하는 에너지의 무려 45배나 되는 양이라고 해. 다르데스하임 역시 무레크 마을처럼 에너지를 판매해 돈을 벌고 있지.

다르데스하임은 에너지 자립 마을 가운데서도 우수한 운영으로 유명해. 마을에서 생산하는 에너지에 대한 소식지를 발간하고, 연주회와 파티 등 다양한 프로그램을 개최해. 또 주기적으로 신재생에너지에 대한 강의도 하지. 이러한 마을 활동은 모두 마을에서 생산한 에너지 판매 수익으로 이루어져. 마을에서 벌어들인 수익이 다시 마을을 발전시키는 데 사용되는 선순환이 되는 거지.

우리나라의 에너지 자립 마을

세계적인 흐름에 발맞춰 우리나라 역시 에너지 자립 마을에 대한 관심이 높아지고 있어. 정부는 에너지 자립 마을을 확대하겠다는 야심찬 계획을 발표했지.

"폐자원과 바이오매스로 마을에서 직접 에너지를 생산하는 저탄소 녹색 마을을 만들겠습니다!"

우리나라에서 에너지 자립 마을은 탄소를 배출하지 않은 친환경 마을이라는 의미로 '저탄소 녹색 마을'이라는 이름으로 불리기도 해. 그럼 우리나라에는 어떤 에너지 자립 마을들이 있는지 살펴볼까?

민들레 공동체

경상남도 산청, 지리산에 있는 민들레 공동체 마을은 우리나라에서 가장 유명한 에너지 자립 마을이야. 민들레 공동체 마을에서는 태양과 바람, 바이오매스를 이용해 마을에서 필요한 에너지를 만들어. 또 친환경적이고 에너지를 절약하는 건물을 지어. 이렇게 만든 에너지 절감형 주택을 '패시브 하우스'라고 하지.

민들레 공동체 마을은 매년 3000명이 넘는 관광객들이 방문해. 관광

객들은 마을 사람들에게서 대체 에너지 보급에 관한 교육을 받고, 에너지 자립 마을에 사는 삶을 체험하고 있어.

홍천 소매곡리 친환경에너지 마을

강원도 홍천군 소매곡리 마을은 얼마 전까지만 해도 '악취 마을'로 불렸어. 하수 처리장과 가축 분뇨 처리장이 모여 좋지 않은 냄새가 하루 종일 났거든. 고약한 냄새로 오래 살던 주민들마저 하나둘 마을을 떠났지. 하지만 이제는 '친환경에너지 마을'로 변화해 이웃들의 부러움을 사고 있어.

==소매곡리 마을은 악취를 뿜어내는 분뇨와 음식물 쓰레기를 이용해 바이오가스를 만들기 시작했어.== 마을의 골칫덩이로 마을 에너지를 만드는 거야.

바이오가스를 생산하면서 소매곡리 마을은 겨울철 난방비가 무려 20만 원이나 줄어들었대. 또 바이오가스를 만들고 남은 분뇨를 그냥 버리지 않고 거름으로 만들어 판매해. 이를 통해 1년에 5200만 원을 벌고 있어.

서울시 에너지 자립 아파트

에너지 자립 마을은 이제 도시 아파트에서도 시도되고 있어. 서울시는 강서구, 서대문구, 양천구 등에 있는 아파트를 에너지 자립 마을로 선정해 에너지를 절약하고, 생산을 늘리도록 하고 있어.

서울시 에너지 마을로 선정된 아파트는 주민들의 주도 아래 여러 가지 에너지 절약 사업을 하지. 전등 끄기 행사, LED등 교체, 대기전력 줄이기, 태양광 설치, 절전 콘센트 지급 등 활발히 활동해. 2012년 7개 마을에서 시작한 서울시 에너지 자립 마을은 벌써 100개를 넘어섰어.

이야기 다섯

수상한 초대장

이른 아침, 눈을 뜬 나는 침대에서 벌떡 일어났어. 요즘 여기저기 이 몸을 찾는 곳이 많아 아주 바쁜 하루를 보내고 있거든. 시계를 보니 서둘러 준비를 해야 늦지 않을 것 같았어.

"아이쿠! 바쁘다, 바빠!"

내 이름은 스마트 그리드, 지능형 전력망이라는 의미야. 좀 더 쉽게 말하면 '똑똑한 전력 시스템'이지.

나는 기존 전력 시스템에 정보 통신 기술을 더해 만들어졌어. 전기를 공급하는 공급자와 전기를 사용하는 사용자가 서로 정보를 교환해

서 딱 필요한 만큼만 에너지를 사용하도록 관리하는 게 나의 일이야. 많은 사람들이 나를 차세대 에너지 신기술로 인정해. 이 때문에 미래 에너지의 주인공으로 불리고 있지. 뭐, 미래 에너지 분야의 떠오르는 슈퍼스타라고나 할까?

서둘러 집을 나서고 총알처럼 달려간 곳은 한 웹툰 작가의 집이었어.

"심야 시간은 전기료가 싸다고 들었습니다. 저는 어차피 늦게 자기 때문에 심야 전기를 써서 일을 하고 싶어요. 그런데 전기료가 싼 시간이 언제인지 알 수 없어서요."

나는 그에게 스마트 미터를 달아 줬어. 스마트 미터란 시간대별로 전기 요금을 알려 주는 전자식 전력량계야.

"앞으로 이 스마트 미터를 사용하면 하루 중 전기료가 가장 저렴한 시간을 알 수 있을 겁니다. 그 시간을 이용하면 당연히 전기료가 적게 나올 테고요!"

웹툰 작가는 눈을 동그랗게 뜨고 소리쳤어.

"스마트 그리드 씨는 정말 듣던 대로 대단하군요!"

나는 별거 아니라는 듯 손을 내저었어. 하지만 속으로는 '이 슈퍼스타의 인기란!' 하고 소리쳤지.

내가 일을 모두 마치고 집으로 돌아가려 할 때, 웹툰 작가가 갑자기

뭔가 생각났다는 듯 물었어.

"아, 그런데 오늘 아침에 뜬 인터뷰 보셨나요?"

내가 고개를 젓자 웹툰 작가가 잠시 망설이다가 말했어.

"신재생에너지 씨가 인터뷰를 했는데 스마트 그리드 씨는 본인에 비하면 아무것도 아니라고 하던데요? 미래 에너지의 주인공은 자기라고……."

순간 분노가 치밀어 올랐어. 하지만 나는 애써 표정 관리를 한 뒤, 웹툰 작가에게 인사를 하고 나왔지. 슈퍼스타가 아무 곳에서나 화를 낼 수는 없잖아?

하지만 집에 도착하자마자 나는 신재생에너지의 인터뷰부터 찾아보았어. 신재생에너지의 인터뷰는 유명한 포털 사이트에 떡하니 올라가 있었어.

'신재생에너지, 미래 에너지의 주인공은 바로 나야, 나!'

자신을 미래 에너지의 주인공이라 말하는 신재생에너지의 인터뷰를 보고 있자니 머리가 부글부글 끓어올랐어. 나는 기사 밑에 달린 댓글들이 더욱 신경 쓰였지.

'신재생에너지가 없다면 미래 에너지도 없지!'

'신재생에너지의 활약은 정말 대단하다니까?'

그런데 이때 띵동! 누군가 초인종을 눌렀어.

"누구지?"

문 앞에는 집배원이 서 있었어.

"스마트 그리드 씨 되십니까?"

"네, 그런데요."

집배원은 내게 불쑥 하얀색 봉투 하나를 내밀었어. 봉투의 겉면에 아무것도 쓰여 있지 않아 누가 보낸 건지 알 수 없었어.

"대체 누가 보낸 거죠?"

집배원은 대답 대신 어깨를 으쓱해 보였어.

"글쎄요. 저는 그저 전해 드리라는 말만 들어서요."

집배원이 바람처럼 사라지자 나는 집으로 들어와 조심스럽게 봉투를 열어 봤어.

'당신을 미래 에너지 센터로 초대합니다.'

봉투 안에는 한 문장만 적힌 종이가 들어 있었어.

"미래 에너지 센터로 초대한다고? 이게 다야?"

혹시나 싶어 빈 봉투를 뒤집어 탈탈 털어 봤지만 나오는 건 없었어. 그렇지 않아도 신재생에너지의 인터뷰 때문에 기분이 좋지 않았는데 수상한 초대장까지 받다니 더 화가 치밀어 올랐어.

"누가 대체 이런 장난을 친 거야?"

나는 초대장을 쓰레기통에 쑤셔 넣었어. 하지만 얼마 지나지 않아 다시 쓰레기통 안에서 수상한 초대장을 꺼내 물끄러미 바라봤지.

다음 날, 나는 미래 에너지 센터로 향했어. 누가 내게 이 초대장을 보냈는지 궁금해서 밤새 한숨도 자지 못했거든. 결국 호기심이 나를 움직이게 만든 거야.

"대체 누가 왜 이런 편지를 보냈는지 반드시 알아야겠어!"

여기저기 묻고 또 물어 나는 마침내 미래 에너지 센터 앞에 도착했어. 커다란 문을 열고 센터 안으로 들어서자 실내는 텅 비어 있었어.

"아무도 없어요?"

텅 빈 공간에 내 목소리만이 메아리가 되어 울려 퍼졌어. 그런데 이때, 수상한 그림자가 내 뒤를 스치고 지나갔어.

"누구야!"

주변을 경계하며 살펴보자 창가에 드리워진 붉은 커튼 밑으로 삐쭉 튀어나온 발이 보였어. 나는 창가 쪽으로 천천히 다가가 불시에 붉은 커튼을 힘껏 젖혔어.

"뭐야! 신재생에너지였잖아?"

커튼 뒤에서 나타난 것은 바로 신재생에너지였어.

"스마트 그리드, 너도 이상한 초대장을 받은 거야?"

당황한 것도 잠시 나는 신재생에너지를 향해 고개를 끄덕였어.

"누구에게 초대를 받았는데?

"나도 몰라."

내 대답에 신재생에너지는 눈에 띄게 실망한 눈치였지.

"대체 우리를 이곳에 불러 모은 게 누구지?"

이때 미래 에너지 센터 안으로 셰일가스와 에너지 공학자가 나란히 들어섰어. 셰일가스와 에너지 공학자의 손에도 내가 받은 것과 같은 초대장이 들려 있었지.

나와 셰일가스, 에너지 공학자를 한참 동안이나 물끄러미 바라보던 신재생에너지는 갑자기 크게 소리쳤어.

"이제 알겠어! 이건 미래 에너지의 주인공을 뽑는 자리야!"

"뭐? 미래 에너지의 주인공?"

"그래. 신재생에너지, 스마트 그리드, 셰일가스, 에너지 공학자! 모두 미래 에너지의 주역으로 주목받고 있다고!"

듣고 보니 신재생에너지의 말은 그럴듯했어.

"그래도 명색이 미래 에너지의 주인공인데 하나만 뽑지 않겠어? 주

인공이 여럿일 수는 없잖아?"

셰일가스는 기대에 찬 눈빛을 빛냈어. 그 눈빛을 보고 있자니 나는 문득 셰일가스가 가여워졌어. 어차피 미래 에너지의 주인공은 내가 될 테니까 말이야. 결과를 듣고 실망할 신재생에너지, 셰일가스, 에너지 공학자의 표정이 눈앞에 선했지.

이때, 셰일가스가 거들먹거리며 말했어.

"이거 다들 괜한 발걸음을 해서 어쩌나. 아무래도 주인공은 내가 될 것 같은데."

셰일가스의 도발에 신재생에너지는 크게 소리쳤어.

"웃기는 소리 하지 마! 네가 왜 주인공인데?"

"내가 요즘 미래 에너지원으로 각광받는 건 다들 알고 있지?"

셰일가스의 말은 사실이었어. 최근 미래 에너지 분야에서 셰일가스의 인기가 하늘 높은 줄 모르고 치솟고 있었지.

"석유 없이 60년을 버틸 수 있는 에너지원이 등장했다고 다들 난리 난 거 몰라? 나는 무려 인류가 60년 동안이나 쓸 수 있는 막대한 양이라고! 석탄에 비하면 온실가스를 55%밖에 배출하지 않아 친환경에너지로 꼽히지!"

"하지만 너는 생산 과정에서 많은 물을 쓰기 때문에 물 부족 문제를

일으키지 않아?"

나의 날카로운 지적에 셰일가스의 얼굴이 빨갛게 달아올랐어.

"윽!"

기다렸다는 듯이 신재생에너지가 반격을 시작했지.

"그리고 결국 적은 양이더라도 온실가스를 배출하긴 한다는 거 아니야? 나처럼 거의 배출하지 않는다면 모를까! 나는 온실가스를 거의 배출하지 않고 무한히 사용할 수 있는 에너지라고! 쓰고 또 써도 계속 만들 수 있기 때문에 화석 연료처럼 고갈될 걱정이 없지."

신재생에너지는 숨도 쉬지 않고 말을 이어 갔어.

"게다가 우리나라처럼 에너지를 외국에서 많이 수입하는 나라에서 나를 개발하면 에너지를 외국에 의존하는 걸 줄일 수 있어! 그래서 미래 에너지의 주인공은 바로 나라는 말씀이지!"

아무래도 이제는 내가 나서야 할 차례 같았어.

"에너지를 최적화되게 이용하도록 하는 시스템이야말로 진정한 미래 에너지의 주인공이지!"

셰일가스와 신재생에너지, 에너지 공학자의 시선이 내게 집중됐지. 나는 더욱 당당하게 어깨를 펴고 목소리를 높였어. 내가 왜 미래 에너지의 주인공인지 이번 기회에 제대로 알려 줄 필요가 있었거든.

"새로운 에너지를 생산하는 것도 중요하지만 그보다 먼저 에너지를 효율적으로 절약하는 게 더 중요하다고! 나는 전력 공급자와 소비자가 실시간으로 정보를 교환하게 해서 에너지 낭비를 줄이는 시스템이야. 사용 전력량을 미리 예측하여 알려 주기 때문에 사람들이 스스로 에너지를 절약하도록 돕지. 또, 예비 전력을 저장해 놓았다가 전력량이 늘어날 때 공급해서 정전도 막는다고!"

나의 화려한 말솜씨에 셰일가스와 신재생에너지는 넋이 나간 듯했지. 입을 떡 벌리고 나를 바라보는 모습이 아주 볼만했어.

"어때? 미래 에너지의 주인공은 나라고 할 수 있지?"

그런데 한쪽 구석에서 우리의 싸움을 가만히 지켜보던 에너지 공학자가 저벅저벅 다가왔어.

"과연 너희 모두 미래 에너지의 주인공으로 지목될 만하군. 그런데 말이야. 나 같은 에너지 공학자가 없었다면 너희가 탄생할 수 있었을까?"

에너지 공학자의 예상치 못한 반격에 나는 크게 당황했어. 셰일가스와 신재생에너지도 마찬가지인 눈치였지.

"셰일가스를 발견한 것도, 신재생에너지를 개발한 것도, 스마트 그리드를 만들어 낸 것도 바로 우리 에너지 공학자들이잖아? 우리는 그

동안 화석 연료로 인한 에너지 문제를 해결하기 위해 끊임없이 노력해 왔어. 게다가 앞으로 그 역할이 더더욱 중요해지고 있지. 가능한 많은 사람들에게 더욱 안전하고 깨끗한 에너지를 공급하려면 우리 에너지 공학자들이 꼭 필요하거든."

에너지 공학자의 주장은 굉장히 설득력이 있었어. 하지만 그렇다고 해서 미래 에너지의 주인공 자리를 내줄 수는 없었지.

그런데 이때 한쪽 벽면이 열리며 눈부신 빛이 쏟아졌어. 우리 모두 눈부신 빛에 고개를 들지 못했지. 우리를 비추던 빛이 사라지자 어느새 우리 앞에는 낯선 사람이 서 있었어.

"당신은 누구죠?"

초록색 안경을 쓴 중년 여성은 우리를 향해 싱긋 미소 지었어.

"나는 미래 에너지 센터장입니다."

"우리를 이곳으로 초대한 게 당신이군요!"

셰일가스가 소리치자 센터장은 차분하게 대답했지.

"네, 맞습니다."

우리는 기다렸다는 듯 질문을 쏟아 냈어. 우리를 도대체 왜 이곳으로 부른 건지, 진짜 미래 에너지의 주인공을 뽑는 자리가 맞는지 궁금한 점이 한두 가지가 아니었지. 센터장은 빙그레 웃으며 말했어.

"저는 벽 뒤에서 여러분의 대화를 모두 듣고 있었습니다. 그 대화를 듣고 더욱 확신할 수 있었습니다. 여러분이 '미래 에너지 드림팀'이 되기에 적합하다는 것을 말이죠!"

"미래 에너지 드림팀이요?"

전혀 예상하지 못했던 이야기에 나를 비롯해 신재생에너지, 셰일가스, 에너지 공학자의 얼굴에는 물음표가 떠올랐지.

"미래 에너지는 새로운 자원, 효율적인 시스템, 풍부한 지식을 갖춘 전문가가 없이는 결코 발전할 수 없습니다. 신재생에너지, 스마트 그리드, 셰일가스, 에너지 공학자. 여기 모인 여러분 모두 하나하나 미래 에너지의 주인공이지요. 그리고 여러분이 함께 발전할 때, 미래 에너지의 혁신을 이룰 수 있습니다!"

센터장의 말에 우리는 방금 전까지 서로 주인공이 되겠다고 목소리를 높인 것이 부끄러워졌어.

"그래, 맞아. 우리끼리 누가 더 잘났는지 겨루는 건 중요하지 않아."

나의 말에 다른 친구들도 하나둘씩 고개를 끄덕였어.

"우리가 함께 발전하면 더 많은 사람들이 안전하고, 깨끗한 에너지를 사용할 수 있을 거야!"

"맞아!"

미래 에너지 드림팀 발단식

서로 손을 맞잡은 우리를 바라보며 미래 에너지 센터장은 온화한 미소를 지었어.

　며칠 뒤, 미래 에너지를 위해 하나의 팀이 되기로 한 우리는 다시 한자리에 모였어.

　'미래 에너지 드림팀 발단식'

　커다란 현수막 아래에 우리는 사이좋게 나란히 섰지. 센터장은 우리에게 드림팀을 상징하는 배지를 하나하나 달아 주었어. 녹색 새싹이 힘차게 솟아오르는 모양의 귀여운 배지였지.

　"선서! 미래 에너지 드림팀은 미래 에너지의 무한한 발전을 위하여 함께 노력할 것을 약속합니다!"

　미래 에너지 센터에 드림팀의 우렁찬 목소리가 가득 울려 퍼졌어.

에너지,
따뜻한 미래와 만나다

세계에서 쓰이는 에너지의 80% 이상은 화석 연료로 만들어. 석유, 석탄 같은 화석 에너지는 동식물의 유해가 수백만 년 동안 땅속에 묻혀 있어야만 만들어 질 수 있어. 그래서 화석 에너지가 고갈된다면 우리는 다시 화석 에너지를 쓰기 위해 수백만 년을 기다려야 할 거야.

그런데 앞으로 100년 정도면 화석 에너지는 모두 바닥나. 하지만 세계에서 사용되는 에너지의 양은 오히려 더 늘고 있지. 지난 20년간 세계 에너지 소비는 45% 늘어났어. 앞으로 20년간 세계 에너지 사용량은 39% 이상 늘 거라 예상돼. 에너지는 부족한데 소비량은 늘어나는 무서운 상황인 거야.

그래서 세계의 여러 나라들은 에너지를 충분히 보급할 수 있으면서 안전하고 친환경적인 신재생에너지의 비중을 점점 늘리고 있어. 이처럼 에너지 고갈에서 벗어나기 위해 지속 가능한 에너지를 늘리는 것을 '에너지 전환'이라고 해.

세계 각국은 이미 에너지 전환을 위해 노력 중이야. 우리나라 역시 화석 연료와 원자력을 쓰는 것을 줄이고, 장기적으로 신재생에너지를 늘리려는 정책을 추진하고 있지. 이처럼 세계가 에너지 전환에 힘쓰는 이유는 여기에 국가의 미래가 달려 있기 때문이야.

미래에는 어떤 나라가 화석 연료를 덜 쓰고, 안정적인 에너지를 확보하느냐에 국가경쟁력이 달려 있어. 석유의 원산지인 중동에서도 에너지 전환을 준비한다니 에너지 전환은 피할 수 없는 세계의 흐름인 거지.

최근 우리나라에서는 에너지 전환에 대해 의논하는 에너지 포럼이 열렸어. 그곳에서 '유엔 기후변화에 관한 정부 간 협의체(IPCC)'의 의장은 이렇게 말했다고 해.

"에너지 전환을 준비하는 국가는 성장할 수 있지만 그렇지 못한 국가는 뒤처질 것입니다!"

우리는 현재 화석 에너지와 신재생에너지 사이의 갈림길에 서 있어.

==바로 지금 어떻게 대처하느냐에 따라 우리가 맞이할 에너지의 미래가 달라질 수 있지.== 미래 에너지에 대해 깊이 생각하지 않고 에너지 전환을 이루지 못한다면 머지않아 세계는 에너지 부족에 시달릴 거야.

그렇다면 어떻게 해야 성공적인 에너지 전환을 이룰 수 있을까? 에너지 전환은 미래 에너지원 개발, 에너지 시스템의 발전, 국가와 개인의 노력이 함께할 때 가능해. 그럼 먼저 미래에 주목받을 미래 에너지원에 대해 알아볼까?

> 미래에는 어떤 에너지가 주목받을까?

화석 연료를 대체할 방법은 활발히 개발되고 있어. 그 가운데 미래에 더 주목받게 될 에너지는 무엇인지 알아보자.

셰일가스

셰일가스는 모래와 진흙이 단단하게 굳은 셰일층에 매장된 천연가스야. 일반 천연가스보다 더 깊은 곳에 매장된 것이 특징이지. 중국,

러시아, 미국 등 여러 나라가 현재 셰일가스를 채굴하고 있어.

셰일가스는 석유를 대신할 수 있는 자원인 동시에 매장량이 매우 풍부해서 미래 에너지로 큰 주목을 받고 있어. 에너지 공학자들의 말에 따르면 인류가 앞으로 60년 동안 사용할 만큼의 셰일가스가 셰일층에 매장되어 있다고 해.

하지만 셰일가스를 생산하는 과정에서 많은 물이 필요해. 그래서 물 부족 사태를 일으킬 수 있지. 또한 셰일가스를 채굴할 때 사용하는 화학 물질 때문에 환경이 오염될 우려가 높아. 이 문제들을 해결하기 위해 노력 중이지.

연료 전지

시계, 휴대폰, 리모컨 심지어 자동차 안에도 전지가 필요해. 우리가 흔히 사용하는 전지는 금속의 반응성 차이를 이용해 전기 에너지를 얻는 화학 전지야. 금속을 이용해 만들기 때문에 환경 문제를 일으키고, 한 번 쓰면 다시 쓸 수 없다는 단점이 있지.

이러한 문제를 보완해 만든 전지가 바로 연료 전지야. 연료 전지는 수소를 사용해 전기 에너지를 만들기 때문에 환경을 오염시키지 않는 청정 연료로 주목받고 있어.

또한 연료 전지는 재충전할 필요가 없어. 연료가 공급되기만 하면

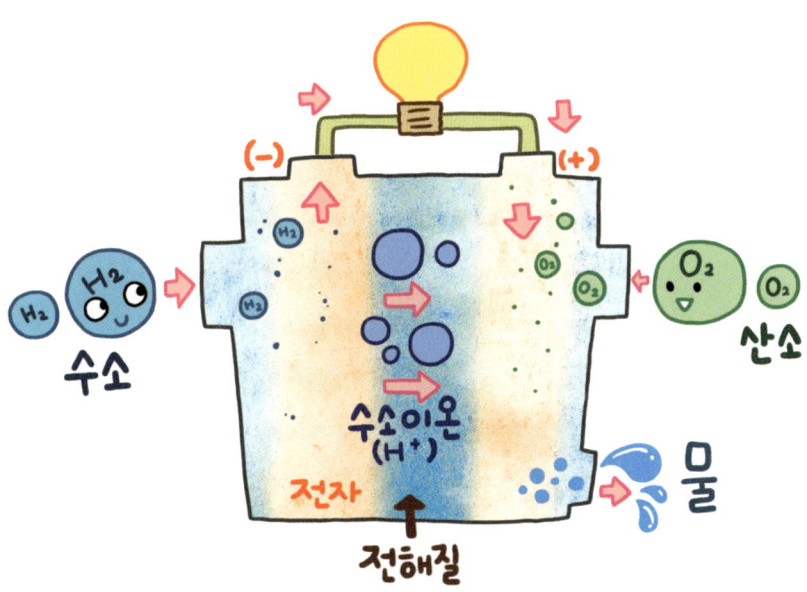

계속해서 무한으로 전기를 만들 수 있지. 또 에너지 효율이 매우 높고, 공해 물질을 배출하지 않아.

하지만 연료인 수소를 값싸게 생산할 수 없고, 대량으로 안전하게 보관하기 어렵다는 단점도 있어. 그 탓에 아직까지 활발하게 사용되지는 않아. 만약 수소를 생산하는 비용을 낮추는 기술만 개발된다면 미래에 우수한 에너지원으로 사용될 거야.

바이오 연료

바이오매스를 발효시켜 만들어 낸 바이오 연료는 앞으로 더욱 주목받을 에너지야. 태양열·태양광이나 조력, 풍력 발전 등 대체 에너지로는 아직까지 에너지 전체 수요를 감당하기 어려워. 이와 달리 바이오 연료는 이미 대량 생산이 가능하기 때문에 많은 에너지를 만들 수 있어. 게다가 원료와 공정에 따라 바이오에탄올, 바이오디젤, 바이오가스 등 다양한 연료로 만들 수 있어. 또한 이산화탄소를 적게 배출해서 신재생에너지로 각광받고 있어.

하지만 바이오 연료에 사용되는 바이오매스로 인해 농산물 가격 상승과 식량 부족 문제가 생긴다는 단점이 있어. 그런데 최근 조류를 활용한 방법이 고안되면서 이러한 비판에서 벗어날 가능성이 생겼어.

조류는 번식력이 왕성하고 기름이 풍부해 바이오디젤의 생산 작물 중 가장 생산성이 우수해. 환경을 해치지 않으면서도 양질의 바이오 에너지를 만들 수 있는 희망이 생긴 거야.

미래를 위한 똑똑한 기술, 스마트 그리드

미래를 위해서는 새로운 에너지를 만드는 것만큼이나 에너지를 효율적으로 절약하는 것이 중요해. 그래서 만들어진 똑똑한 기술이 있어. 바로 스마트 그리드야.

스마트 그리드란 똑똑한 전력 시스템이라는 뜻이야. 기존 전력망에 IT 기술을 합쳐 소비자와 전력 회사가 실시간으로 정보를 주고받게 만든 시스템이지.

이 시스템을 이용하면 소비자는 전기 요금이 쌀 때 전기를 쓸 수 있어. 또 전자 제품이 자동으로 전기 요금이 싼 시간에 작동하도록 조절할 수도 있지. 또한 집, 회사, 공장 어느 곳에서나 인터넷만 연결되면 전기 요금을 실시간으로 확인하고, 가장 싼 시간대에 전기를 쓸 수 있어. 결국 스마트 그리드는 전기가 흐르는 모든 것을 묶어 효율적으로 관리하는 새로운 시스템인 거야.

스마트 그리드가 소비자에게만 유리한 건 아니야. 전기 회사는 전기 사용 현황을 실시간으로 파악해 전기 공급량을 조절할 수 있어. 전기

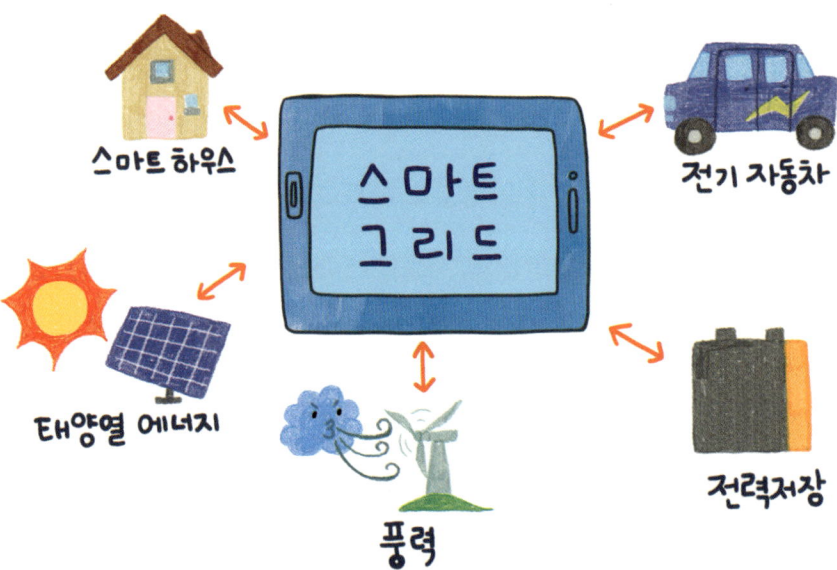

사용이 적은 시간대에는 전기를 조금 생산해서 버리는 전기를 줄이고, 남은 전기를 저장했다가 전기를 많이 쓰는 시간에 공급할 수 있지. 이를 통해 전력망의 고장이나 정전을 예방할 수 있어.

==스마트 그리드가 미래 에너지 기술로 인정받는 또 다른 이유는 지구 온난화를 방지하기 때문이야.== 전력 발전소에서는 전기를 만들 때, 실제 쓰는 전기보다 훨씬 더 많은 전기를 생산해. 전기 사용량이 더 많아질 경우를 대비해서 미리 전기를 더 만들어 두는 거지. 쓸지 안 쓸지 확실히 알 수 없는 예비용 전기를 만들기 위해서 수많은 에너지를 낭비하는 거야. 이러한 비효율적인 시스템은 자원을 낭비하고 지구 온난화를 앞당겨. 전 세계 온실가스 중 1/3은 전력 생산을 위한 발전소에서 만들어진다고 해.

그런데 스마트 그리드를 사용하면 소비자가 전기를 언제, 얼마큼 쓰는지 예상할 수 있어서 꼭 필요한 만큼만 전기를 생산할 수 있어. 이를 통해 자원 낭비를 막고 지구 온난화를 일으키는 탄소 배출도 줄일 수 있지. 이 때문에 미국 경제 주간지 〈비즈니스 2.0〉은 지구 온난화로 인한 기상 이변과 환경 오염에서 인간을 구할 영웅으로 스마트 그리드를 소개했어.

알아서 에너지를 관리해 주는 똑똑한 기술, 스마트 그리드에 대한 관심은 점점 커지고 있어. 에너지 효율을 높이고 신재생에너지를 더 많이 사용할 수 있는 가장 효율적인 방법으로 인정받기 때문이야.

미래를 위한 우리 모두의 노력

성공적인 에너지 전환을 위해 세계의 여러 나라들은 새로운 에너지 정책을 펼치고 있어. 유럽을 중심으로 신재생에너지 정책이 급물살을 타고 있지. 미래 에너지를 위한 정책 가운데 대표적인 것이 바로 '제로 에너지 빌딩' 정책이야.

벨기에의 수도, 브뤼셀에 있는 환경 보호국 건물은 제로 에너지 빌딩으로 유명해. 제로 에너지 빌딩이란 필요한 에너지의 20% 이상을 신재생에너지로 채우는 건물을 말해. 직접 에너지를 만들 뿐만 아니라 새로운 기술을 통해 에너지 낭비를 막는 에너지 절약형 건물이지.

일찍이 에너지 절약의 중요성을 깨달은 유럽은 제로 에너지 빌딩을

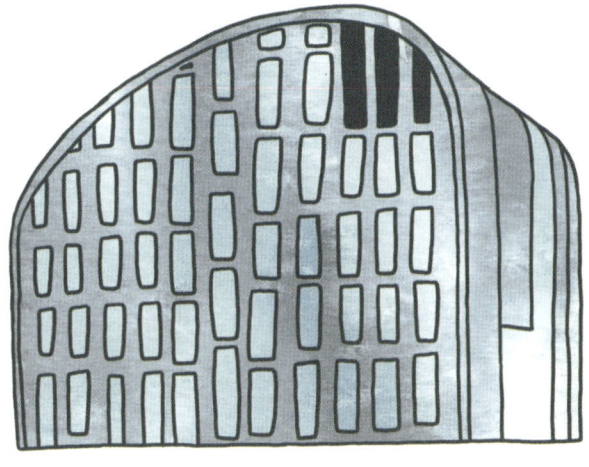

세우는 데 앞장서 왔어. 2019년부터 모든 공공기관 건물, 2021년부터 모든 일반 건물을 '제로 에너지 빌딩'으로 짓는 에너지 정책을 펼치고 있어.

우리나라 역시 2020년부터 모든 공공기관 건물, 2025년부터 모든 일반 건물을 제로 에너지 빌딩으로 짓도록 하는 법을 만들었어. 정부의 적극적인 의지로 제로 에너지 빌딩은 늘어나고 있지.

하지만 국가의 정책만으로 에너지 전환에 성공하기는 쉽지 않아. 결국 ==개개인이 일상에서 에너지를 효율적으로 이용하려는 노력을 함께 해야 해==. 이러한 노력이 없다면 에너지 전환은 성공할 수 없을 거야. 무엇보다 우리와 같은 평범한 시민들의 참여 역시 매우 중요해.

경쟁에서 협력으로

세계는 지금 치열한 '에너지 전쟁'을 치르고 있어. 특히 중국과 인도, 브라질 등 큰 국가의 경제가 빠르게 성장하면서 에너지 수요가 폭발적으로 늘자 에너지를 확보하려는 경쟁이 더욱 심해지고 있지.

독일의 언론인인 프란츠 알트는 에너지 자원이 줄어들수록 그 자원을 차지하려는 싸움이 커진다고 주장했어. 그리고 에너지 전쟁에 대해 이러한 말을 남겼지.

"석유로 인한 전쟁을 할 것이냐, 아니면 태양을 통한 평화를 얻을 것이냐?"

프란츠 알트의 말에서 태양이란 지속 가능한 에너지를 뜻해. 지속 가능한 에너지만이 에너지 전쟁을 끝내고, 세계인들이 평화롭게 공존

할 수 있는 유일한 길이라는 의미지.

끊임없는 관심과 노력을 통해 에너지 기술은 무궁한 발전을 이루었어. 하지만 아직까지 해결할 문제들이 많이 있지. 지속 가능한 에너지, 신재생에너지는 아직 화석 에너지에 비해 효율성이 떨어지고 생산력이 높지 않아. 하지만 먼 미래를 생각했을 때 신재생에너지는 분명 인류에게 큰 선물을 안겨 줄 거야. ==에너지를 사용하기 위해 환경을 해치고 자연을 착취하는 삶 대신 자연과 인간이 조화롭게 살면서 편리한 에너지를 이용하는 삶 말이야.==

더 나아가 ==우리는 누구나 평등하게 에너지를 쓸 수 있는 에너지 평등 사회로 향해야 해.== 선진국을 중심으로 신재생에너지 기술은 빠르게 발전하고 있어. 반면 가난한 나라들은 에너지 문제에서 더욱더 소외되고 있지.

가난한 나라들의 에너지 소외 문제는 결코 남의 일이 아니야. 우리가 쓸 미래 에너지를 준비하기도 바쁜데 어떻게 다른 나라까지 생각하느냐고? 하지만 우리가 결코 잊어서는 안 되는 점이 있어. 바로 지구가 살아 숨 쉬는 하나의 유기체라는 거야.

지구는 지금 환경 오염과 이상 기후로 몸살을 앓고 있어. 몇몇 나라만 노력한다고 해서 이 문제를 해결할 수는 없지. 지구를 살리기 위해서는 세계 각국이 힘을 모아 화석 에너지를 줄이고, 더 안전하고 깨끗한 에너지를 사용해야 돼.

이제 에너지 전환은 미래를 위해 반드시 해결해야 할 세계인의 숙제가 되었어. 함께 에너지 부족에서 탈출하기 위해서는 에너지 전쟁을 멈추고, 소중한 지식과 기술을 나누어야 해. 그러기 위해서는 에너지 기술을 많이 보유한 나라들의 도움이 필요하지. 미래 에너지 기술에 대해 서로 머리를 맞대고 함께 고민하면 세계는 에너지 전환에 다 함께 성공할 수 있을 거야. 이를 통해 우리는 더 안전하고 밝은 에너지 미래를 맞이할 수 있을 거야.

🌱 이야기 하나. **한여름 밤에 정전은 너무해!**

3학년 1학기 과학	5. 지구의 모습	-소중한 지구 보존하기
6학년 1학기 사회	3. 우리나라의 경제 발전	(2) 우리나라의 경제 성장 -경제 성장 과정에서 나타난 문제점과 해결 노력을 알아봅시다

🌱 이야기 둘. **내 친구 '구름이'가 특별한 이유**

5학년 1학기 사회	1. 국토와 우리 생활	(2) 우리 국토의 자연환경 -기후 변화로 어떤 일이 생길까 -우리나라의 자연재해를 알아봅시다
5학년 1학기 과학	3. 태양계와 별	-태양은 우리에게 어떤 영향을 미칠까요?
6학년 1학기 과학	3. 여러가지 기체	-빙하 속 공기를 연구하는 과학자

이야기 셋. 커피로 달리는 버스가 있다고요?

3학년 1학기 과학	5. 지구의 모습	-또 다른 지구를 만드는 과학자
4학년 1학기 과학	3. 식물의 한살이	-미래의 식량 부족을 해결하려고 씨를 연구하는 과학자
5학년 1학기 과학	5. 다양한 생물과 우리 생활	-첨단 생명 과학은 우리 생활에 어떻게 활용될까요?

 이야기 넷. 에너지를 만드는 우리 마을에 놀러 오세요!

5학년 1학기 과학	3. 태양계와 별	-태양은 우리에게 어떤 영향을 미칠까요?
5학년 1학기 과학	5. 다양한 생물과 우리 생활	-첨단 생명 과학은 우리 생활에 어떻게 활용될까요?

이야기 다섯. 수상한 초대장

3학년 1학기 사회	3. 교통과 통신 수단의 변화	(1) 교통수단의 발달과 생활 모습의 변화 (2) 통신수단의 발달과 생활 모습의 변화
6학년 1학기 사회	3. 우리나라의 경제 발전	(2) 우리나라의 경제 성장 -경제 성장 과정에서 나타난 문제점과 해결 노력을 알아봅시다

국어, 사회, 과학, 기술, 도덕, 경제까지
교과목 공부가 되고 세상의 눈을 키우는 상식도 쌓아주는
사회과학 동화 시리즈

공부가 되고 상식이 되는! 시리즈 ❶

어린이 생활 속 법 탐험이 시작되다!
신 나는 법 공부!

변호사 선생님이 들려주는
흥미진진한 법 지식과 리걸 마인드 키우기!

장보람 지음, 박선하 그림 | 168면 | 값 11,000원

공부가 되고 상식이 되는! 시리즈 ❷

동화로 보는 착한 소비의 모든 것!
미래를 살리는
착한 소비 이야기

친환경 농산물, 동네 가게와 지역 경제,
대량생산vs동물복지, 저가상품vs공정상품

한화주 지음, 박선하 그림 | 148면 | 값 11,000원

공부가 되고 상식이 되는! 시리즈 ❸

똑똑한 경제 습관과 금융 IQ를 길러 주는
어린이 금융경제 교육
적금은 뭐고 펀드는 뭐야?

동화로 보는 어린이 금융경제 교육의 모든 것!

김경선 지음, 박선하 그림 | 120면 | 값 11,000원

공부가 되고 상식이 되는! 시리즈 ❹

우리가 소셜 미디어를 하면서
반드시 알고 지켜야 할 것들의 모든 것!
미래를 이끄는 어린이를 위한
소셜 미디어 이야기

1인 미디어, 실시간 정보검색, 온라인 인간관
계 길잡이, 올바른 SNS 사용규칙

한현주 지음, 박선하 그림 | 152면 | 값 11,000원

국어, 사회, 과학, 기술, 도덕, 경제까지
교과목 공부가 되고 세상의 눈을 키우는 상식도 쌓아주는
사회과학 동화 시리즈

공부가 되고 상식이 되는! 시리즈 5

동화로 보는 SW교육, 사물인터넷, 인공지능 로봇,
로봇 세상의 생활과 진로!

어린이를 위한
인공지능과 4차 산업혁명 이야기

과학 기술과 데이터, 로봇과 공존하는
인공지능 시대를 살아갈 어린이 친구들을 위한
과학 동화

김상현 지음, 박선하 그림 | 163면 | 값 12,000원

공부가 되고 상식이 되는! 시리즈 6

동화로 보는 '4차 산업혁명 시대'에 따뜻한 기술이
가져오는 행복한 미래와 재미난 공학

어린이를 위한
따뜻한 과학, 적정 기술

어린이를 위한 "따뜻한 기술과 윤리적인 과학"
에 대한 흥미롭고도 실천적인 이야기!

이아연 지음, 박선하 그림 | 160면 | 값 12,000원

공부가 되고 상식이 되는! 시리즈 7

포장 쓰레기의 여정으로 살피는
소비, 환경, 디자인, 새활용, 따뜻한 미래 이야기

미래를 위한 따뜻한 실천,
업사이클링

버려진 물건에게 새 삶을 주는
따뜻한 실천에 대한 흥미진진한 이야기!

박선희 지음, 박선하 그림, 강병길 감수 | 144면 | 값 12,000원

공부가 되고 상식이 되는! 시리즈 8

동화로 보는 동물학대와 유기, 대규모 축산농장,
동물실험, 동물원에 대한 불편한 진실

어린이를 위한
동물 복지 이야기

동물과 함께 행복해지기 위한 윤리적인 선택,
그에 대한 흥미롭고도 실천적인 이야기!

한화주 지음, 박선하 그림 | 166면 | 값 12,000원